英文法を知ってますか

渡部昇一

文春新書

344

まえがき

あなたは英文法のことを知っておられるだろうか。

それはイギリス人の英語に対する劣等感という土壌の中に胚胎し、
アカデミー・フランセーズの刺戟によって促進され、
十八世紀の半ば頃に「規範」の観念が確立し、
十八世紀の末にアングロ・サクソン法的な発想にしたがい「慣習」と「理性」の妥協によってほぼ完成し、
国家や政府の権力によらず商業ベースで世界的規準となり、
二十世紀後半から新言語学の批判を受けながらも、立派な文章を「読み書き」できるようにしてくれる唯一の王道である。

英語は今や国際語としての地位を確立しているから想像しにくいが、宗教革命やイギリスのルネサンス最初の頃は、イギリス人は英語に対する劣等感を強くもっていたのだ。イギリス人は自分の国がヨーロッパの後進国という意識が強かったのである。イタリアでペトラルカたちのルネサンス文藝が花開いていた頃、同時代人のイギリス詩人チョーサーはまだ中世文学の人だった。

その劣等感を克服するために、古典文学からの語彙を多量に入れて豊饒化をはかるが、「英文法」のないことに気付く。何とか「英文法」を作りたいという努力が十六世紀の終り頃から盛んになり、十七世紀から十八世紀にかけては大文豪や大学者も加わって英文法書が何点か書かれる。その文法書の主たるものをここで扱っているが、ややこしいと思われたら、ざっとページをめくるだけでよい。そこに出てくる名前はなじみのないのも少くないと思うが無視してよいだろう。欧米の英語学者でもそれを知っている人は数えるほどしかいないのだから。それにもかかわらず私がややくわしく取り上げたのは、十六世紀の終り頃から約一世紀半、いかにイギリス人が英語の文法書を求めて苦闘したか、のたうち廻ったかを多少実感してもらいたかったからである。

十八世紀の半ば以降、急に今日の姿にまとまった。そして十九世紀を通じ、二十世紀半ばまではその価値と有効性に関してほとんど疑念を持たれることなく、英語圏でも、そのほか日本をも含めて世界中に教えられてきた。

それが揺ぎ始めたのは、二十世紀後半からであった。その背景とその影響がどんなものであったかは今日の英語教育の重要な問題である。英文法の歴史はアングロ・サクソン圏の重要な精神史《インテレクチユアル・ヒストリ》の一側面でもあり、その社会の理解にも必要なものと考えている。

本書には注釈や参考文献目録はつけなかった。それを必要とする人は専門的関心のある読者であろうから、自著を二冊参考文献としてあげておくことにしたい。

一、『英文法史』　研究社
二、『英語学史』　大修館書店

また個人的な憶い出や体験談などを加えたのは、元来が無味乾燥な文法の話に時々、一息入れていただくためである。授業中の脱線だと思って下されば幸いである。私の最も尊敬する恩師たちもよく授業中に脱線されたものだったが、私も授業中の脱線の多い教師だったようである。

本書は東眞史氏と明野潔氏のおすすめでできたものである。特に明野氏には最初の段階から原稿の整理に至るまで一方ならぬお世話になった。この場を借りて御礼を申し上げる次第である。

平成十五年五月、連休の練馬喩嵎《けんぐう》庵にて鯉の産卵騒ぎを眺めつつ

渡部昇一

目次

まえがき 3
序章 英文法とは……10
第一章 文法は魔法であった……14
第二章 宗教改革と言語平等思想……42
第三章 英語に対する劣等感の発生……54
第四章 最初の英語文典――ブロカーの『簡約文法《ブリーフ・グラマー》』……70
第五章 初期英文典の背後の二大問題……91
一 文法改革論 91
二 綴字改革論者スミス 96
第六章 英文典の第二号はラムス派……109

第七章 十七世紀の稔らざる努力……120
一 はじめに 120
二 ラテン文法系 121
1 ウォリス 121
2 クーパー 127
三 ラムス系統の英文法書 137
1 ラムス系文典の多い理由 137
2 ヒューム 138
3 ギル 141
4 バトラー 148
5 ジョンソン 155
四 十七世紀英文典の総括 161
第八章 十八世紀の「規範」への衝動……164
一 はじめに 164

1 グリーンウッド 165
2 メテール 166
3 ブライトランド＝ギルドン 167
二 レインの四品詞文法 172
三 アカデミー・フランセーズのインパクトとジョンソン博士の辞書 176
四 文法の基礎は慣用か理性か 183
五 プリーストリィの「観察」の失敗 187
六 ラウスの「規範」の成功 193
第九章 マリーによる規範文典の大成……208
第十章 十九世紀と規範英文典……224
一 概況 224
二 比較言語学との関係 225
三 社会階級の流動性との関係 226

第十一章　二十世紀後半の規範文典批判……232
一　構造言語学からの批判とそれに対する反論　232
二　伝統文法の価値への証言　239
第十二章　変形生成文法のプラスと偽善……242
一　フリーズからチョムスキーへ　242
二　チョムスキー文法と規範の問題　244
三　ピンカーの偽善と現実　245
四　規範文法しか役に立つ文法はない　251

序章　英文法とは

英文法とは何か。何者か。

それは日本の英語教育を毒している元凶である。日本人の英語下手は学校で英文法などを教えているからだ。

日本に来る外国人を見よ。短期間で日本語を上手に話すようになるではないか。彼らは日本語の文法などやっていない。日本の学校では役にも立たぬ英文法などやっているから、生徒は初歩のまた初歩の英語会話もできないのだ。

いや、日本人が英語ができないというのは英会話だけではない。英字新聞も読めず、英語の手紙も書けない。日本の学校における英語教育は全面的に失敗しているから学校で英語を教えるのはやめてしまった方がよい。特別に必要な人のための別ルートの英語訓練を中心とした学校を作るべきだ。

などなどと日本の英語教育への批判はいくらでもある。その中でも最も有害とされているものが英文法である。時には英文法さえ教室から追放すれば日本人の英語は上手になるといわんばかりの議論すらある。義務教育の段階では、つまり中学三年の間に、英語の単語は百個ぐらいでよいという意見もまかり通ってくる。

そして文部科学省の方針もその方に向いてきている。学校の先生も英文法を教える気がないし、生徒も学ぶ気がない。そういう生徒が今度は大学を出て英語の先生になって教室にもどるから、日本の学校教育から英文法を追放するという方針は完成したことになる。めでたし、めでたしと言ってもよさそうなものであるが、実際はどうか。

ある都立高校の旧派——つまり英文法をやった人たち——の先生が若い同僚の英語教師を見て驚くことは、たとえば「関係代名詞がどの先行詞にかかるか」にほとんど無関心なことである。当然、そういう先生たちに教えられている生徒たちは、関係代名詞には関心がなく、先行詞のことは先公のことかと思っている程度になる。

しかしこういう生徒も、競争の激しい、いわゆる良い大学に入ろうとすると文法的なことも少しやらないと入試は通らない。そこで予備校に行く。予備校の先生はそこで初歩の英文法から教え始めることになる。だから今の高校生の英語の力を最も明確に把握しているのは予備校のベテラン教師ということになる。この人たちの意見は一致している。毎年毎年日本の高校生の英語力は下っている。十年前とくらべれば激落ちである。中学や高校でやってきているはずのことをやってないから、大学受験生に対して、昔だったら中学生でも知っていたはずのことの補習からはじめなければならない。そもそもちゃんとした文章を正しく読むための説明の手段がなくなっているのだから手のほどこしようがない。十年前の私立大学のまあまあのところに受かる実力でも、今は東大に入れると断言する人もいる。数学や理科の学力低下はマスコミの話題になっているが、それと同じ学力低下現象が英語でも起っていることは今のところ現場の人しか知らない。

嘘だと思ったら高校の英語の先生に「近頃の生徒の英語はどうですか」と聞いて見られるがよい。ごく少数の例外的なところはあるかも知れないが、十中八九は、「教えようがありません」と答えてくれるはずである。戦争中の中学生の英語教科書にあった程度の英語の文章が今は高校生でも正確に読めないというのが一般である。

大学の英文科ですら、まともに英文法を教えるところは稀になったから、そこを卒業して中学や高校の先生になっても、関係代名詞の先行詞にも関心のないような先生ができることになる。英文科では英文法よりも新言語学が流行になったからである。しかし新言語学は言語の本質を対象にしているが、英語の文章を正確に読んだり、ちゃんとした英語の文章を書くためには全くといってよいほど役に立たない代物《しろもの》なのである。私がここで文法と言っているのは、通常「伝統文法」と呼ばれており、方法論としては grammar-translation method《グラマー・トランスレーション・メソド》（文法・翻訳法）と呼ばれるものである。この場合の「翻訳」というのは、英語を日本語に訳すもの（いわゆる英文和訳）と、日本語を英語に訳すもの（いわゆる和文英訳＝英作文）の両方を含むことになる。

英文法は世に言われている如く日本の英語教育をダメにしている元凶なのか、それとも先人が考えたように日本人の知を拓《ひら》いてくれる魔法なのか。英文法というものの歴史をふり返りつつ考えてみようではないか。

第一章　文法は魔法であった

文法は英語で grammar《グラマー》と言われることは誰でも知っていることだが、念のためこの語源を見てみよう。

　これはラテン語の grammatica《グラマティカ》に由来するが、更にさかのぼればギリシャ語の grammatikē《グラマティケ》（γραμματική）である。この語は gramma《グラマ》（γράμμα＝文字）と technē《テクネ》（τέχνη＝技術）の合成語で、ラテン語に直訳すれば gramma-techna《グラマ・テクナ》となる。そして gramma《グラマ》はアルファベットの「文字」という意味で techna《テクナ》（英語の technic《テクニック》あるいは technique《テクニーク》）は「技術」である。したがって grammar《グラマー》（文法）は、その語源に従って現代英語に言い換えるならば technique of letters《テクニーク・オブ・レターズ》、あるいは art of letters《アート・オブ・レターズ》となり「文字の技術」という原義になる。

　ついでに gramma《グラマ》（文字）と technē《テクネ》（技術）の語源も見てみよう。先ず gramma《グラマ》の語頭の gra-《グラ》は「えぐる」感じを出した音象徴《おんしようちよう》（sound symbolism《サウンド・シンボリズム》）から出ている。古英語の grafan《グラーヴァン》（＝grave《グレイブ》彫《ほ》る）、古高地ドイツ語の grabari《グラバリ》（彫る）もみな同じ音象徴から出た言葉である。

英語の関連語をあげておけば「お墓」の英語grave《グレイブ》もドイツ語Grab《グラープ》も元来、土を「掘って」死体を埋めたのであり、「溝《みぞ》」の英語のgroove《グルーヴ》もドイツ語の「落し穴」「墓穴」のGrube《グルーベ》も同じことで地面を「掘った」ものである。日本語の「えぐるeguru」にもgr《グル》の中に同じ音象徴が認められる。古代ギリシャ語と古代日本語は影響関係はないと思われるが、同じような音象徴を用いた単語が異常に多いことも指摘しておいてよいであろう。これは単語を作る時に、似たような音象徴を用いるという脳の類似性があるからだと思われる。

　このように見てくると、古代ギリシャ人も文字を板や石に「彫った」のである。その「彫ったもの」をgramma《グラマ》（文字）と呼んだのであった。これは日本語でも「書く」の語源は「ひっ搔《か》く」から出ているのと同じである。

　次にtechnē《テクネ》（技術）の関係語を見てみると、この単語に対する古代のイメージを覗《うかが》うことができる。ギリシャ語の「大工《だいく》」を意味する単語はtechton《テクトーン》（τέκτων）であり、ラテン語の「(私が) 織る」を意味する単語はtexo《テクソ》であり、「織物」はその過去分詞形から作られたtextus《テクストス》である。つまり技術（technique）というものの原初的イメージは、「編む」ということだったらしい。糸を編むこと、織ることは織物に連なるイメージだし、小枝を「編んで」原始的な壁を作ったり、葦《あし》を編んで屋根を葺《ふ》くのが「大工」であった。もっとも大工は後には木材を「組ん」だり、石を「組む」ようになる。

このように考えると、「文法」を意味するギリシャ語のgrammatike《グラマティケ》もラテン語のgrammatica《グラマティカ》も、その原義は「文字を編む」というイメージである。「文字を編め」ば単語となる。次いで単語を「編め」ば文章となる。つまり「文法」とは文字の組み合わせを扱う品詞《アクシデ》論《ンス》と、文字からできた単語の組み合わせを扱う統語論《シンタックス》になる。つまり「文字の技術」なる文法とはそういうものであった。

今の英語のgrammar《グラマー》（文法）という単語からはもとの感覚はつかめないが、ドイツ語の「文法」という単語Grammatik《グラマテーク》には、まだ-tik《テーク》という語尾がギリシャ語の語源の-techne《テクネ》（技術）の名残りを示している。ドイツでは十六世紀の前半まで「文法」という語はラテン語のgrammatica《グラマティカ》をそのまま使っていたが、宗教改革者のルター（Martin Luther, 1483-1546）が、一五二二年にgrammatick《グラマテーク》と表記してから、次第に現代のGrammatik《グラマテーク》に落ち着いた。

イギリスの方では一〇六六年（日本では後冷泉《ごれいぜい》天皇の治暦二年、つまり源頼義が鎌倉鶴岡八幡宮を建てた三年後）にフランスのノルマンディー公ウィリアムがイギリスを征服して（the Norman Conquest）、ノルマン王朝を建てた。これはフランス人の王朝と言ってよく、宮廷、貴族、高位聖職者、大商人などの上層階級がフランス語——詳しくはノーマン・フレンチ——

を話したので、ラテン語から直接でなく、フランス語経由の形をとって、gramer《グラメール》とかgramaire《グラメール》という語形で入った。今日のgrammar《グラマー》という綴字が確立するのは、エリザベス朝末期のフランシス・ベーコン（Sir Francis Bacon, 1561-1626）あたりからである。それで英語のgrammarという単語からは、ギリシャ語やラテン語にあった「技術（-technē《テクネ》, -tica《テイカ》）を意味する部分が見えなくなっている。

中世のヨーロッパにおいては、grammatica《グラマテイカ》は文字で書かれたもの一般、分野を問わず、書物、文献を研究する意味に用いられていた。つまり現代ドイツ語でPhilologie《フイロロギー》と言ったり、少し前まで英語でphilology《フイロロジー》と言っていたものに相当していた。

中世のヨーロッパで文字を読める人はほとんど一つまみである。司祭とか学者とかいう例外的な人たちであった。その人たちが羊皮紙などにごちゃごちゃ書かれている奇妙な記号、つまり文字を読んでいるのを見た時、文字を知らない大部分の人たちはどう思ったであろうか。しかもその奇妙な記号の行列を眺めている人たち、つまり読んでいる人たちは、不思議なことを言うのだ。神様が人になり給うたとか、処女から神様が生まれたとか、磔《はりつけ》にされて死んだ人が三日後に生きかえり、その人は本当は神様で救世主であったとか、そういうことを信ずると死後は天国に行けるとか……そういう不思議なことがあの奇妙な記号の行列を見ていると解るらしい。

すべての宗教は今で言うオカルトであり、キリスト教も巨大なオカルトである。中世の人にとっても司祭の言うことはオカルト・メッセージであり、教会の儀式、つまり典礼はオカルト行事である。それで文法《グラマー》——今でいう文献研究《フィロロギー》——をやる人はオカルトの知識のある人ということになる。その結果、民衆の間では文法を魔術と混同することがあった。それでgrammar《グラマー》あるいはgramere《グラメア》とかgramayre《グラメア》という綴字のほかに、gramarye《グラマリイ》（あるいはgrammarie《グラマリイ》, gramery《グラメリイ》）などの異形の単語が生じて、これは「魔法・魔術」という意味に特化した。中世の英文学で"She was learned in gramarye"とあったら、「彼女は文法を学んでいた」ではなくて「彼女は魔法の心得があった」つまり「彼女は魔女だった」という意味になる。

この単語は一時は廃語になっていたのだが、スコットランド出身の大作家スコット（Sir Walter Scott, 1771-1832）が、中世のスコットランドを素材にした文学作品の中でこの単語を使ったので、十九世紀の英米文学の中で復活した。フランス語でもgrammaire《グラメール》（文法）という語の他にgrimoire《グリムワール》という異形があり、この意味は「魔術の本」である。英語と全く同じ現象だ。

r音とl音の混同

ここで面白いのはイギリスや大陸でもr音とl音の混同があったということである。普通の日本人の耳は〔r〕と〔l〕の区別ができないので有名（?）であるが、昔のヨーロッパ人でもこの二つの音は混同されることがあった。

たとえば古いスコットランド方言では gramer《グラメール》 の〔r〕音が〔l〕音になって glamer《グラメール》 とか glamor《グラマー》 という風になったりした。現代英語の綴字では glamour《グラマー》 になっているが、その意味は gramarye《グラマリィ》 と同じく「魔法、魔術、魔力」であった。この語形はスコットの文学のおかげで普通に用いられるようになった。そしてその意味の方も「魔法」から「妖《あや》しいまでの魅力」、特に「性的な魅力」に変った。今日でも glamour girl《グラマー・ガール》 と言えば『プレイボーイ』誌の折込みになっているような若い魅力的な女性、つまり pin-up girl《ピンナップ・ガール》（壁にピンで留めて眺める写真になるようなセクシイな若い女性）のことになる。

同様に glamour boy《グラマー・ボーイ》 という単語もある。これも元来は「セクシイな魅力ある若者」という意味だったが、第二次大戦中、イギリスでは空軍（R A F《ロイヤル・エア・フォース》）の飛行士を glamour boys《グラマー・ボーイズ》 と呼んだ。これは一九四〇年（昭和十五年）の七月十日から十月三十一日までのドイツ空軍の空襲からイギリスを護り切った空中戦（the Battle of Britain《ザ・バトル・オブ・ブリテン》）の飛行士の青年たちをたたえる言葉になったわけである。

この glamour《グラマー》 の形容詞が glamorous《グラマラス》（すこぶる魅力的な）である。また glamour《グラマー》 は動詞に用いると「魅する、迷わす」になるし、これとは別に glamorize《グラマライズ》（美化する、魅力的に見えるようにする）という動詞形も一九三〇年代から現われ始める。これはglamour girl《グラマー・ガール》が広く使われるようになった時期と重なっている。おそらく映画の普及と関係あるのだろう。

もう一つ〔r〕音と〔l〕音をヨーロッパ人でも混同した例としては十三世紀頃の中世ラテン語のglomeria《グロメリア》がある。意味はgrammar《グラマー》と同じく「文法」である。「文法学（文献学）の先生」のことを中世ラテン語ではMagister Glomeriae《マギステル・グロメリアエ》と言い、ケンブリッジ大学にはMaster《マスター》・of Glomery《オブ・グロメリイ》という称号があった。その頃は「文法＝文献学」つまり一般教養学科を教える学校はgrammar-school《グラマー・スクール》であるから、〔r〕と〔l〕を混同し、glomery《グロメリイ》（＝grammar《グラマー》）を教える学校の校長先生をMaster of Glomery《マスター・オブ・グロメリイ》と呼んだものらしい。

このような〔r〕と〔l〕の入れ替えを含めて考えると、「文法」は「魔法、秘術」と結びつくのである。

文法の神秘的力

私が「文法」の神秘的な力を体験したのは高校三年の時、つまり昭和二十三年（一九四八年）の頃である。その時の高校の英語の教科書は非常識的であり、第一課《レッスン・ワン》がフランシス・ベーコンの『エッセイズ』からの一つであり、第二課《レッスン・トウ》がジョン・ロック（John Locke, 1632-1704）の『人間悟性論』の一部という工合であった。昭和十八年（一九四三年）に旧制中学に入学したわれわれは、敵性国家の言葉である英語にそんなに熱心にならなかった。何しろシンガポールを占領して「昭南島」と呼んでいた頃の話である。そして中学三年になると学徒勤労動員で学校での授業はゼロで新学期が始ったのだ。そして敗戦となったがロクな教科書もなく、中学五年生、そして新制切り替えで高校三年になったわけだが、英語を始めて正味で言えば三年目に入った頃に、ベーコンやロックの原文である。今から言えば「当時の文部省は一体、何を考えていたんだろう」ということになるが、英語担当の佐藤順太先生は、「版権などの問題があって新しい時代のものを教科書に入れることができなかったのかも知れないが、ベーコンやロックなどは、本当のことを言えば私などの手に負えないものです」とおっしゃった。

佐藤先生は猟銃と猟犬の権威であり、戦前の百科事典のその関係の項目を担当されたり、『猟犬操縦法』などの翻訳もある方で、単なる英語の先生ではなかった。だからこそ、ベーコンやロックは新制高校三年生の手に負えるものでないのみならず、教員――つまり旧制中学の英語教師――の手にも負えないものであることを率直に告白なさったのであった。

ベーコンと言えば私も三十年ほど前に英文科の二年生で教えたことがあったが、その時、一人の男子学生が「なぜこんなものを読まなければならないのですか」と授業中に質問したことがあった。もっと現代の易しい小説でも読みたかったらしい。私は「国文科に入ったら芥川龍之介ばかり読むわけにいくまい。『徒然草《つれづれぐさ》』も読まなければならないだろう。ベーコンは『徒然草』より時代は新しいのだぞ。英文科に入ったら英文学のプロを目指すのだから、〝ベーコンの随筆をなぜ読まなければならないのですか〟などという愚問をするな」と逆に叱ったことがあった（ちなみにこの学生は数年後に自殺した）。つまりベーコンとは大学の英文科でもこういう質問がでる代物《しろもの》なのである。それを戦後間もない頃の高校生の教科書にするとは、たしかに佐藤先生の言われたように、何か特別な理由があったのだろう。

しかし他に教科書はない。佐藤先生はベーコンの「学問について《オブ・スタディズ》」という三ページぐらいのものを、まるまる一学期かけて教えて下さったのである。昭和二十三年の東北の田舎町では入試はそれほど切実な問題でなく――東京は焼野原で食糧事情も劣悪で上京を志す者は少なかった――まことに慢々的《マンマンデ》に英語の授業が行なわれても誰も文句を言わなかった。

佐藤先生は一行の文章に一時間かけても平気だった。単語一つの説明についてもよく脱線なさる。イギリスの知識は狩猟などを通じてお詳《くわ》しかったから、そういう知識に飢えていた私たちは面白く聞いた（こんな話をきいていて受験の方は大丈夫かな、という発想はなかったということは、今の高校生には信じ難いかも知れない）。文法は一点一画もゆるがせにしない、という厳密な読み方である。単語の意味は、現代とはずれているものがあるから大辞典でないと役に立たない。佐藤先生はＣＯＤ《シー・オー・デー》（*The Concise Oxford Dictionary*《ザ・コンサイス・オックスフォード・デクショナリ》）を重んじられて、「ＣＯＤを引ければまず英語は一丁前《いっちょうまえ》」と常に言われていたので、私も古本屋からＣＯＤを買って、一つ一つの単語の意味を確かめた（ベーコンを読むならOED《オー・イー・デー》つまり*The Oxford English Dictionary*《ザ・オックスフォード・イングリッシュ・デクショナリ》を引くのが一番よく、そこにはベーコンからの引用もいっぱいあげてあるのだが、当時の田舎の高校生にOEDに近づくチャンスはなかった）。こんな風にして、夏休前にようやく三ページ足らずのベーコンのエッセイの一つを読み上げたわけであった。

「ベーコンがわかった」

この時の不思議な感覚が私の一生の進路を決め、一生の研究のテーマを決めた、とも言える。その感覚とは何か、と言えば、「ベーコンが徹底的にわかった」と言うことだった。ベーコンと言えばフランスのデカルトと並んで、近世西洋哲学の鼻祖みたいな人であり、イギリスの貴族で富豪でもある。しかも三百年以上も前の人だ。その人の書いたものが、三百年後の地球の裏側に住む、敗戦国の貧乏な高校生にもすみずみまで解ったのだ——と私は感じた。時間と空間の隔《へだ》りが全く消え、文字通り時空を超越した感じなのである。何という不思議な気持ちだったろうか。そしてその「解り方」においては、イギリスやアメリカのどの高校生よりも徹底しているに違いない、と感じたのである。「感じた」のであるから主観的な話にすぎないが、その感じ方はその時の私の魂の琴線に触れたものだった。

こういう時の体験を何にたとえたらよいであろうか。体験の重みと意味においてはケタ違いになるので気がひける話になるが、アレキシス・カレルがルルドに行って、目の前で器質性の病気が瞬間的に治《なお》るのを見て超自然に開眼し、後にノーベル生理・医学賞を与えられるような実証的研究者として『人間――この未知なるもの』を書くようになった体験と、どこかで類似性があるのではないか。また上智大学にアルーベという神父さんがおられた。この人はスペインの大学で医学の勉強をしておられたのだが、ルルドに行って奇跡が目の前で起るのを見てカトリックの神父になったのだ、と何十年か前に誰かに聞いたことがあった。

人によって開眼の質や重さは大いに違うが、佐藤先生によるベーコンの授業が、私の開眼になったことは確かである。

単語は辞書を引けばわかる。これには発見や知識増加の喜びはあるが、不思議さ、あるいは神秘感はない。ところが私が不思議だったのは文法なのである。どこの国にも、あるいは社会集団にもそれぞれの言語があり、そこに文法が内在している。しかしその言語集団で育った者は、無意識のうちにその文法が身につく――正しくは脳につく――ので、それを不思議と思うことはまずない。私が漢文を始めたのは小学校の頃なので、返り点や送り仮名をつけることに不思議と思ったことはない。

ところが十七歳の半ば頃に、ベーコンの英語を文脈をたどりながら、厳密に読んでゆくと、つまり文法のルールに従って読んでゆくと、はっきりした意味が眼前に立ち上ることを体験した時、それは不思議だった。一種の神秘的な感じがしたのである。

漢字は幼い時から見慣れていたから、それが漢文となった時も神秘感はなかった。しかしアルファベットを綴り合わせた英語の単語には、それ自体で意味を示唆するものは何もない。象形文字とその点でも違う。そんな単語の行列を一つのルールに従って追ってゆけば、ベーコンという大哲学者の考えていることが、眼前に明かに見えてくるのだ。この不思議なことを起すものを文法、つまりgrammar《グラマー》と言う。この単語が前に述べたように魔法・魔術・秘術という意味の単語と同根であることを後になって知った時、ヨーロッパの中世の人たちの感じ方と、私の感じ方がつながっているのだと洞察した（『秘術としての文法』という本を私は後になって書くことになった）。

英語学へと誘った文法体験

そしてこの「文法」を頼りに、英語の本を読む世界に入りたいと思った。私の同級生で、卒業した時に英文科に進んだ者は二人だったと記憶するが、私はその一人だった（もう一人は後に一橋大学に転校して経済学をやり銀行に入った）。そして私だけは今日に及んでいる。二百人近くいた旧制中学・新制高校の同級生のうち、英語学に志したのは私一人であり、佐藤順太先生に対する学恩やベーコンの影響を口にしたり書いたりする者がほかに一人もないことは、別の言い方をすれば、「文法」というものから秘術感、あるいは神秘感を受けた者も私以外には一人もいなかったということではなかろうか。

この文法に対してこの時私が感じたことを、一昨年（平成十三年）に出した私の蔵書カタログ（Bibliotheca Philologica Watanabeiensis《ビブリオテカ・フィロロジカ・ワタナベイエンシス》）の序文につけた自伝的な文章（Biographia Bibliophilia《ビオグラフィア・ビブリオフィリア》）で述べたところ、ジョージタウン大学のクルト・ヤンコフスキー教授から次のような趣旨の手紙が来た。

「近く私は、〝十九世紀より今日に至る文法観念の発達とその多面的利用〟という会議を主催する予定で、その準備と組織をやっています。発表者は四人です。私はこの会議の開会の挨拶をすることになっていますが、その時、貴兄の自伝の中の次のことを引用させてもらうつもりです。

〝何故人間は自分の母国語と全く異質な外国語の文章の正確な意味を把握することができるのか。この不思議さは英文法によって起された。外国語の文法を知れば、人はその言語の難かしい文章の意味も正確に摑《つか》むことができる。文法は外国語の文献に対する魔法の鍵なのである……〟」

ヤンコフスキー教授は『ネオグラマリアンズ』などの著書のあるドイツ人で、ここ四十年間ぐらいアメリカの大学で教えている。文法に対して私が感じたことに共鳴してか、右にあげた文章のほかにも、いろいろ引用してくれたらしい。

文法学者ではないが、文献学の稀覯書《きこうしょ》を扱う古書店として国際的に知られているカリフォルニアのローゼンタール氏も、私の文法体験に「大いに感銘した《グレイトリイ・インプレスト》」と言って、自らの体験と比較して次のように書いてきている（この人はジューイッシュらしい）。

「私は小学校はドイツのミュンヘンで、その後の中等・高等教育はイタリアで受けましたが、私のようなヨーロッパ大陸育ちの者は常に文法を嫌っていました。しかし今やよくわかったことがあります。われわれにとってシナ語や日本語が非常に難かしいのは、正に文法〔教育〕が欠けていたからだということが」

私の十七歳の文法体験は珍しいものであるかも知れないが、言語のある本質的な面に光を当てるものではなかろうか。条件反射的に外国語が身につく環境にないのに、つまり英語などを耳にすることも口にすることもないのに、その言語で書かれた高級な文章を正確に理解できるということは考えれば考えるほど不思議なことではあるまいか。これこそ人間を他の動物と峻別する「何か」の発動なのではないか。

のめりこむあまり文法ノイローゼに

こうして私は英文法にのめり込んだ。上智大学に入ってからも、それは続いた。当時入手可能であった一番厚い英文法の本は斎藤秀三郎の『実用英文典（*Saito's Practical English Grammar* 開隆堂・昭和二十三年）』であったが、この千ページを越す大著、しかも説明文も英語で書いてある文法書を通読した大学一年生はほかにあまりいなかったであろう。

しかしそこから生じた弊害が深刻なものになった。どんな英文を見ても、すみずみまで文法的に説明し尽さないと気がすまないという癖である。いわゆる文法ノイローゼである（これは普通の意味のノイローゼではなく、ある意味では学徒として好ましいことなのであるが、「私はかつて文法ノイローゼであった」という趣旨のことを書いたことを、私が本物のノイローゼだったと曲解して、私の悪口を書いている全共闘シンパの物書きがいるから念のため断わっておく。この男は二言目には差別問題を振り廻しているのだから、私が本物のノイローゼだったり、精神病者であったとしても同情的なるべきはずなのに、私を本物のノイローゼ患者だったとして大喜びで悪口を言っているのは、左翼によく見られるダブル・スタンダードと言うべきか）。

文法ノイローゼの学生だった私は、英文講読の時もよく質問した。先生によってはうるさがる人や、やめさせる人もいた。同級生の中にも私の質問のために授業の進行が遅れるというので、先生に「渡部の質問は無視して進んで下さい」と申し出た男がいた（ちなみにこの男は北朝鮮系で卒業後は朝鮮総連に入ったということをあとで聞いた。学生時代は日本姓だったので国籍はわからなかった）。

こうした中で、故・刈田元司教授が、絶対にうるさがらず、とことんつき合って下さったことに今でも感謝している。後になって刈田先生が私に向って、「英文講読のクラスでは君に当てたより、君から当てられた方がずっと多かったね」と笑いながら話されたことがあった。この体験から、私は学生のいかなる愚問でも、いかに頻繁な質問にも、面倒がらずにとことんつき合うことを教師生活の方針としていた。

私の教員生活の最後の頃の英文科の一年生で、英文法の時間に休みなく質問する学生がいた。全授業時間の半分以上もその学生一人の質問に答えるために使われたと言ってよい。さすがに彼も気がひけることもあったらしく「こんなに質問してもよいでしょうか」と言ったことがあったが、私は「みんな面白がっているからいいよ」と答えた。そのクラスの進度は大幅に遅れたが、他の学生も損したことにはならなかったと思う。

この文法的質問ばかりしていた学生は二年後ぐらいから頭抜けてきた。それで学部の時から大学院の講読への聴講を特別に許可した。そしてイギリスの大学に行って、そこの大学の奨学金をもらった。今時《いまどき》、イギリスの大学が外国の留学生でしかも文科系の学生（彼は古英語専攻）に奨学金を出すことなど極めて稀な話である。この話は、文法ノイローゼに一年二年耐え抜くと、その言語の文献を読み抜く魔法の鍵を手に入れたような能力と洞察が出て、その国の学生たちよりも、その国の文献研究で劣らないどころか、かえって勝れていることを示す一例になるであろう。その後、この学生はたった一年でイギリスの大学の英語学の修士（M.A.）を、しかも優等（with distinction）で授与された。

文法ノイローゼを解消させた本

文法ノイローゼの期間はあまり本が読めない。徹底的に自分の頭の中で一つ一つの文章が文法的に説明できないと前に進めないのだから当然だ。私がこの文法ノイローゼの期間を乗り越えたのは、故・細江逸記博士の『英文法汎論』を独習したおかげである。この英文法の本は、おそらく世界で最もすぐれたものであり、日本人が明治以来、英語について悩んだと思われるすべての問題に対して、日本人の立場から語学の天才細江博士が説き明してくれたものである。おそらく細江博士も若い時から文法ノイローゼ、しかも超ノイローゼで、しかもその期間も何十年も続いたのではないか。その人が日本人のために書いたのだから、私の文法ノイローゼも解消したのである（上にあげた質問ばかりした学生も、高校を卒業して、この細江博士の本をテキストとする私の授業を受けたので、積年の疑問が噴き出たものらしかったが、この本の最後のページまで至って知的な新地平が開かれたものらしい）。

一応、文法ノイローゼの期間を卒業した私は、学部の卒業論文はラフカディオ・ハーンと宗教の問題について書いたが、大学院に入ってからは、どうしても英語学をやりたいと思っていたところ、刈田教授の書斎で劇作家ベン・ジョンソン（Ben Jonson, 1572-1637）には『英文法（*The English Grammar*, 1640）』という著作があることを教えられた。そして二十世紀になってから出た彼の全集にもその『英文法』が収められているので、先生からその本を貸していただいて修士の論文としようと思った。

英文法というものは私が習ったのと大体は同じようなものであろうから、それとベン・ジョンソンの書いた十七世紀前半の『英文法』とくらべてみて、何か問題を見つけようと思ったのであった。ところがベン・ジョンソンの英文法書はハナから何を言っているかわからないのである。たとえば今の英文法で性《ジェンダー》と言えば三つである。男性（he《ヒー》）、女性（she《シー》）、中性（it《イト》）であるが、ジョンソンでは性が六つもあるのだから驚いてしまった。一事が万事である。そこで私は当然のことに思い当った。

「われわれが英文法として習っているものの前にも違った英文法があったのではないか。つまり英文法の本と言えば何となく大同小異のもので、詳しいか詳しくないかの差であると思いこんでいた。受験用の英文法の本も、斎藤秀三郎の千ページもの英文法も細江博士の学問的英文法も、つまりは似たような枠組《わくぐ》みである。しかし英文法にも歴史があり、昔は随分と違ったものもあったのではないか」

修士の論文は何とか理解したところを記述することで仕上げてみたが、結局、私はジョンソンの前の時代の文法も、現代までの文法も何一つ英文法書の歴史を知らないまま、ジョンソンのテキストだけを読みほぐそうとした。トンチンカンなことを言っているかも知れないが当時の日本（昭和二十九年＝一九五四年）ではそれ以上のことは調べようがなかった。第一、上智大学には専門の英語学の先生はおられなかった。それで故・刈田先生や故・ロゲンドルフ先生の御紹介で、学外の英語学の権威の方々からも教えを受ける機会をいただいて、「英文法の歴史のわかる本を教えていただけないでしょうか」とおたずねして廻ったのであったが、どなたも御存知なかった。つまり日本にいては解らないことが解ったのであった。夏休みに郷里に帰って、佐藤順太先生の御子息で物理学者の恒夫先生（順太先生はすでに御他界されていた）にそんな話をしたら、「世界のどっかで誰かやっているに決まっていますよ」と言われた。しかしその時点では皆目《かいもく》見当がつかなかったのである（当時インターネットなどない）。

一応修士論文を出して、次のテーマは何にしようかと思った時、たまたま詩人のミルトン (John Milton, 1608-74) の著作目録に grammar《グラマー》 があったので、今度はこれにしようと思った。ベン・ジョンソンの grammar《グラマー》 が一六四〇年で、ミルトンの grammar《グラマー》 は一六六九年である。ジョンソンの一世代後の文法書を比較したら何か解るだろうと思ったのである。

その頃、東大の中島文雄先生に「今度何をやるつもりか」ときかれて、「ミルトンの書いた文法書を調べてみようと思います」とお答えすると「それはよいでしょう」と言われた。ところが後で実物を見てわかったことだが、ミルトンの書いたのは英語の文法書でなく、ラテン語の文法書であった。修士を終えたばかりの私も、日本の代表的英語学者の中島先生も、ミルトンの文法書がラテン文法書だったことを知らなかったことになる。つまり当時（昭和三十年＝一九五五年）は誰も英文法の歴史については関心を持たず、従って知識も皆無だったのである（後になって大塚高信博士にミルトンの文法を扱った論文があることを知ったが、それは文法書として論じたのでなく、そこに出てくる英語の用法の研究であった）。

英語学の最先進国ドイツへ留学

極めて幸運な偶然の重なりで、私はその年（昭和三十年＝一九五五年）に突然ドイツの大学に留学する機会を与えられた。英文科の人間が英語国でなく、ドイツに留学することをおかしいと思われる人が少なくないと思うが、当時の英語学を志す者にとってはそうではなかった。ドイツこそは当時、英語学の断然最先進国だったのである。

千葉勉先生は東大講師の時に文部留学生として大正二年（一九一三年）にイギリス留学をなさった日本の英語界の大物である。留学なさっていたのも市河三喜博士と同時期でありこのお二人は当時の日本のアカデミズムの英語界では双璧と言ってもよいくらいであった。この千葉勉先生は戦後上智大学の教授となられた。したがって私は、千葉先生の最後の教え子の一人ということになる。この千葉先生は、教室の中で、何度も「イギリスの英語学はドイツより五十年遅れている」と言われた。言われた学生たちの方は、英語もロクにできないのにドイツ語じゃ話にならないという感じであった。

しかしドイツが英語学や英文学の研究ですぐれているらしいことは何となくみんな知っていた。シェイクスピアでも最もすぐれた辞典はアレクサンダー・シュミットというドイツの学者の『シェイクスピア・レキシコン』上下二巻であることは英文科生には周知のことだった（その頃、神田の進省堂書店にこの古本が出たが、値段が五千円だったことを覚えている。当時の学生寮の寮費は三食付きで一月千五百円。この辞書は今ではペーパーバックでも安く買える）。

シェイクスピアやエリザベス朝の英語の研究では、ヴィルヘルム・フランツというドイツの学者の『シェイクスピアの言語』に匹敵するものがないことも知らされていた（この本には邦訳もある）。更に時代をさかのぼってチョーサーとなれば、その読み方をつきとめたのはテン・ブリンクというドイツの学者であり、更に古英語の研究書となれば、ドイツだけと言ってもそれほど誇張でなかった。

当時の英文科生は最近の者たちと違って、こういうことには関心があり、比較的よく知っていた。しかし英会話までやらなければならない時代のこととて、ドイツ語の研究書にまで手を出せる英文科生はゼロと言ってもよかった。もちろん私も学生の頃にドイツ語で書かれた英語学の研究書を読んだことは一度もない。ただ千葉先生に感謝しなければならないのは、英語学を本当にやるにはドイツ語が大切だということを先生によって徹底的に脳味噌に刻み込まれたことである。

このことは卒業する頃には更に確信ともなった。当時の日本の英語学界の最も輝ける存在であった中島文雄先生の評判の本『意味論』も参考文献がマルティとか何とか、すべてドイツ語の文献なのである。更に後になって読んだ中島先生の『英語学とは何か』――これは英語学研究の目的と方法を示したわが国では空前絶後の名著である（現在は講談社学術文庫に入っている）――においても、参考文献は全部ドイツ語なのだ。英語学者の中島先生がかくもドイツ語の文献に精通しておられたのは、その師である市河三喜先生から、われわれが千葉勉先生に言われたように「イギリスの英語学はドイツより五十年遅れている」などと言われていたために、ドイツ語に精励なさったのではなかろうかと想像している。

学生時代にドイツ語で英語学の研究書を読むには至らなかったけれども、私がともかくも在学中、ドイツ語のクラスに出席し続けたのは千葉先生のお話のおかげである。ドイツ語を取る学生は、一年生の始めの時は大教室一杯だったが、その学年の終り頃には数人になってしまった。二年生から四年生までの三年間は、第二外国語としてのドイツ語のクラスにはいつも三、四人しか学生はおらず、先生は最後まで故・増田和宣先生であった。したがって読むものもシュトルムの『インメンゼー〔みずうみ〕』とか、ヒルティの『幸福論』で、英語学とは何の関係もなかった。しかしともかく四年間休まずにドイツ語のクラスに出、大学院に入ってからも関口存男の本や、スマイルズの『自助論』のドイツ語版などを読み続けたのは千葉先生の強烈なお言葉のおかげである。

〝天才的〟な指導教授

ドイツでの留学先はミュンスターであった。英文科の学生でありながらドイツに留学できたのも望外の幸運であったが、その留学先がミュンスターであったこともこの上ない幸運であった。このウエストファリア条約の締結地でもある古都市の大学は、かのテン・ブリンクも教えていたところである。

そして指導教授がまたすごい人だった。私は多くの英語学者や言語学者の本を読んできているが、その著作を読んで「天才的」という形容詞をつけたいと思う人はただ一人しかない。それはカール・シュナイダー教授である。この学者についての予備知識は全くなかった。私のドイツ語は、英語学の論文を読むところまでいっていなかったのだから。ミュンスターの学寮――パウルス・コレークという名であった――に入って、学生たちの評判を聞くとシュナイダー教授はひどく評判がよかった。後で知ったことであるが、この人の教授資格論文審査には九学科の教授たちが当ったという。サンスクリット、ギリシャ語、ラテン語、北欧語、ドイツ語、英語、ロマンス語、一般言語学などなどの専門家を動員しないと審査できない論文だったのだ。そのうちの一人は、次のように言って審査を辞退したと言う。

「この論文に書かれていることが本当ならば、この人はヤーコプ・グリムのような人であろう。私はそうとは思い難い。しかし彼の主張を否定することもできない。したがって審査員を辞退する」

と。こうして出された論文は六百ページを越える大著となって刊行されている。その刊行以来すでに半世紀も経っているが、まだ学問的に否定した有効な反論は出されていない。

そんな偉い先生だとは知らないから、その面接時間《シュプレッヒ・シュトンデ》に出かけて、「英文法書の歴史について博士論文をまとめたいので、御指導下さい」と英語で言った。ドイツについてから半月ぐらいのことで、日本にいた時にはドイツ語会話の練習などやったことがないから、ドイツ語はまだ喋れない。先生はおかしな奴が現われたと思ったのであろう――ドイツの英文科に日本から留学生がやってきたなどというのは前代未聞のことだったのではないか――怪訝《けげん》な面持《おももち》をされながらも、丁寧な態度をとられつつ、ゆっくり発音された英語でこう言われた。

「すぐに博士論文と言われてもその指導はできません。何か書いたものがあったら見せて下さい。それから考えましょう」

すぐに私の修士論文を上智大学から送ってもらって、持って行った。私のベン・ジョンソンの研究は、いたるところで調査不能の壁に突き当った不満足なものだった。正にその自覚があるからこそドイツにやってきたのだった。だから恐る恐る持って行ったのである。それは更に一般言語学・印欧比較言語学の故ペーター・ハルトマン教授にも廻された。

しばらくしてシュナイダー教授から御自宅へ招待された。御自分もハルトマン教授も、私に博士論文を書く資格があると認めた、ということであった。これで私の肩書は――ドイツは肩書の国である――Stud. phil.《ストッド・フィル》(文学部学生)からCand. phil《カンド・フィル》(文学部博士候補生)に変ることになった(それで私は自分の学生にも、論文は英語で書いておくようにすすめてきた。それがあるとないとでは留学してからの立場がまるで違うことがあるのだから)。先生のお宅では夕食を御馳走になり、その後で今後の研究方針の話になった。先生は参考文献のリストをタイプした紙を渡して「先ずこれを全部読めば、何かこれまでの研究の不足なところが見えるだろう」と言われた。

ドイツ語圏での英語研究

そのリストを持ち帰って検討してみて驚いた。それまでは入手不能と思われていた十八世紀以前の文法書が、ドイツではすでに第一次大戦の前に、あるいは第二次大戦前にリプリント版で出されているのである。この時期のものでイギリスから出ているものは一点、アメリカからはゼロであり、圧倒的にドイツ語圏である。今のように複製が容易な時代ではないのに、である。しかも立派な研究論文もある。オットー・フンケというスイス（ドイツ語圏）の大学者の初期の英文法書の通史まで出ているではないか。千葉先生の言われた通り、ドイツ語圏の英語学研究は、イギリスやアメリカよりたっぷり五十年は進んでいたのである。

これらの先駆的研究なしには私は何もできなかったと思われる。しかし丁寧に読んでゆくと、それらの諸研究はあたかもヨーロッパに中世もなく、宗教改革もなかったかのような感じなのである。

「英文法はどうして発生したのか」という私の当初の疑問は残ったままであった。しかしそれを研究するための資料はすべてドイツ語圏の学者が整えておいてくれたと言ってよい。

イギリスやアメリカの学者がなぜ英語の文法書の発生や発達について全く無関心であったのかは今でも不思議である。英語国の学者には英語はあたり前のことであり、その文法を教える本などは「低級」なものであるから、研究には値しないもので、そんなことに手を出すのは学者の沽券《こけん》にかかわる（イギリスではこれをinfra dig《インフラ・ディッグ》という）とでも思ったのであろうか。あのオックスフォード英語辞典（ＯＥＤ）でも、ベン・ジョンソンの英文法書を“English《イングリッシュ》・Grammar《グラマー》”というタイトルをつけた最初の本だろうと言っているぐらいの認識なのである。

それに反してドイツでは他国の言語文化現象として文法書のようなものも研究の対象とし、特に英語音韻史の研究資料としても重視したのである（英語音韻史は今はあんまりはやらないが、一九五〇年頃までは最も頭のよい英語学者がやる傾向があった。何しろ印欧比較言語学はある意味では壮大な比較音韻史であり、英語史を研究する人たちにもその気風が残っていたのである）。いずれにしろ、英語を話す国々の学者には、古い英文法書を重視する気持ちもなく、いわんや私のように文法によって全く違った言語を読めるようになることに対する神秘感などあろうはずもなかったのだ。

十九世紀のドイツには他の国の言語現象を、あらゆる面で大学の研究の対象にするという特徴があった。シェイクスピアもイギリスでは観劇の対象であることが第一であったが、ドイツでは大学での研究対象にした。オックスフォード大学でシェイクスピアが講義される何十年も前から、ドイツの大学ではシェイクスピアは講義されていた。

たとえばオックスフォード大学の新設の、つまり初代の英文学教授ウォルター・ローリー（Sir Walter A. Raleigh, 1861-1922）がシェイクスピアの講義を出版したのは一九〇六年（明治三十九年）である。夏目漱石がイギリス留学した明治三十三年にはオックスフォード大学には英文学の講座がなかった（漱石がロンドン大学に行った一因はこんなところにもあった）。

これに反してアウグスト・ヴィルヘルム・フォン・シュレーゲル（August Wilhelm von

Schlegel, 1767–1845）が有名なシェイクスピアについての講義をヴィーン大学で行ったのは一八〇一年でそれを出版したのは一八〇九年から十一年（徳川十一代将軍家斉の文化六年から文化八年）であり、オックスフォードとはざっと一世紀の差がある。

私が留学した頃は、ドイツとイギリスの英文学・英語学の研究水準はそれほどは違わなかったと思うが、まだまだ戦前の如く、英文法書の研究ともなると、基本的文献の整備や研究において大きな差があった。あの時にドイツに留学できなかったら、つまり戦後の多くの英語学者のようにアメリカやイギリスに留学していたら、私の英文法についての疑問は解くすべもなく、また、そこから出発してヨーロッパの精神史を古代・中世にさかのぼって広く学ぶというきっかけもつかめなかったであろう。

ではようやく本題に入って、英文法はどうして生じたのであろうか。

第二章　宗教改革と言語平等思想

ヨーロッパ史の中で――その現代にまで及ぶ影響力から考えると世界史の中で――最も大きな大事件をたった一つあげよ、と言われるならば、あなたは何をあげられるであろうか。極めて難かしい話になるが、私はあえて宗教改革をあげたいと思う。

ローマ帝国は極めて大きな版図《はんと》を有し、大文明圏を作った。ギリシャ文明もそこに飲みこまれた感じである。そのローマ帝国が政治体制として瓦解した後も、その版図は文明的にローマ・カトリック教会によってそっくり受け継がれた。いな発展せしめられた。

ローマ帝国もだいたいは地中海を中心としてガリアやゲルマニアなどの属領を支配していたが、その属領の文化となるとこれと言うものはほとんど伝わっていない。しかしローマ帝国をある意味で継承したカトリック教会は、属領を文明化して、かつての蛮地といわれたところにも、今日まで残る古い大学まで建てて行ったのである。オックスフォード、ケンブリッジ、パリ、ミュンヘン、プラーハ、サラマンカ……などなど、ヨーロッパの古い都市の大学は、ローマ帝国瓦解後のローマ・カトリック教会の時代、俗に言う「中世」の間に作られたものである。
そこでの共通の言語はラテン語、それも古典ラテン語よりもはるかに学問的研究や討論に適するように発達したラテン語、いわゆる中世ラテン語であった。西ヨーロッパ全体が一つの言語で知的交流がなされ、蛮族の地と言われたところにも、次から次へと都市が生まれ、大聖堂や無数の教会が作られ、修道院や大学が作られて行ったのである。

この一宗教一言語の大文明圏が、宗教改革によって崩れ、今日見るような国民国家《ネーション・ステイト》がヨーロッパに生れ、植民地を世界中に作り出すもとになったのだから、宗教改革こそが、世界一の大事件と言ってもよいのではないか。政治的なことは別として、ヨーロッパ各民族の言語が、共通語であったラテン語から独立し始めたことが英文法が作られる背景になる。

ラテン語対土着語

ラテン語（lingua Latina《リングワ・ラテナ》）はヨーロッパの共通語であったが、それに対して各民族や各地方の言葉は土俗語（lingua vernacula《リングワ・ウエルナクラ》）と呼ばれていた。このvernacula《ウエルナクラ》というラテン語は、現代英語のvernacular《ヴァナキュラー》（形容詞では「その土地の」、名詞では「その土地の言葉、土語」、また外国語に対して「自国語」）になっている。フランス語のvernaculaire《ヴエルナキユレール》も同じことでlangue《ラング》・vernaculaire《ヴエルナキユレール》と言えば「土語」の意味である。

この vernacula《ウエルナクラ》の語源は verna《ウエルナ》（主人の家に生れた奴隷）を意味するエトルリア語（古代イタリア中部トスカナやウンブリアあたりの言葉）から出ている。したがって vernaculus《ウエルナクルス》は「(奴隷について）ある人の家で生まれた」という形容詞になり、それが一般化されて、現代英語の native《ネイテイヴ》（土着の、その土地の）と同じ意味に用いられるようになった。つまりラテン語に対して、属州の人たちの「土着語」という意味になったのである。

ここで面白いのはドイツ語である。普通の独和辞典で引いても vernaculus《ウエルナクルス》から派生した単語がない。これに当るのは einheimisch《アインハイミッシュ》（土着の）という非ラテン系の単語、つまりゲルマン語系の単語である。しかもこの単語はそんなに古いものではなく、一四八七年にイソップ物語のドイツ語訳をしたハインリッヒ・シュタインヘーヴェルあたりから使われ出したものであり、その意味も「家にいる、外出していない」というのが主で、「土着の」という意味ではなかった。哲学者のカントもこの単語を「家にいる」の意味に使っているのである。

では「土着の」という意味のドイツ語は何であったか、と言えば正に deutsch《ドイッチ》（ルターの綴字では deudsch《ドイッジ》、もっと古い語形では diutisc とか thiudisk）だったのである。つまり「ドイツ」という原義は「土着の」ということであった。だからドイツでは近世初頭にも vernaculus《ウエナクルス》というラテン語系の単語を、英語とは違ってラテン語から借用する必要がなかったのだ。

ついでに言っておけば、八世紀頃には、ドイツ(「土着の」の意味)という単語は、ラテン語で

theodisce《セオデスケ》（土着語で）と綴られていた。カール大帝（シャルルマーニュ）も八〇一年にロンバルディアで話した時は「theodisce《セオデスケ》（土着語で、つまりフランケン語＝ゲルマン語の一方言）で語った」と記録されている。ついでにこの語の語源についてのべておけばdeutsch《ドイッチ》は古英語のþeod《セオド》（民族、種族、国、言葉）と同一語源である。古英語のþ（＝th）がドイツ語'd'、後には't'と対応することは英語のfather《ファーザー》（父）がドイツ語Vater《ファター》になっているのにも見ることができる。このþeod《セオド》は更にTeuto《トイト》と同一語源という説もある。つまり、Teuto《トイト》（またはTiw《テイウ》もしくはTuisto《トゥイスト》）という神を祭る部族集団がラテン語でいうTeutones《トイトネス》（いわゆるチュートン民族＝ゲルマン民族）であった。自分をそれに属すると称する者たち自身には、「（同じ種族の）人々」ということになる。ローマ人から見れば「（属州の）土着の人々」という意味にもなるわけである。聖書をゴート語に訳した人は、þiudisko《セウデスコ》（＝deutsch《ドイッチ》）を「異教の」という意味に使っている。当時のゲルマン人はまだキリスト教徒になっていない者が多かったからであろう。

文章語はラテン語

このように中世のヨーロッパでは、ラテン語に対して、方々には土着語があるという観念があり、その土着語を示すのに系統を異にする二つの単語、lingua vernaculus《リングワ・ウエナクルス》とlingua diutisca《リングワ・ディウテイスカ》が存在した。

そして土着語は文章語ではなかった。書く物はすべてラテン語である。だから広いローマ帝国の中のさまざまな土着語を話す諸民族の志ある人々は、ラテン語の勉強をして、知識階級に入り、宮廷人になったり、司祭になったり、学者になったりした。ラテン語の文法をマスターして、立派な文章を書けたり、文法的に正しく語ることができることが、出世の王道であった。志のある者は、みんな自分の部族、民族の言語、つまり土着語から抜け出す必要があったのである。

このために用いられたラテン文法は、初歩の者はドナトゥス（Aelius Donatus《アエリウス・ドナトゥス》 c.300–c.399）の文法書で、更に進んだ者はプリスキアヌス（Priscianus Caesariensis《プリスキアヌス・カエサリエンシス》 fl. c. A.D. 500）を用いた。十二世紀頃からはヴィラ・デイのアレキサンダー（Alexander de Villa-Dei《アレキサンダー・ド・ヴィラ・ディ》あるいはAlex. de Villedieu《アレキサンダー・ド・ヴィラデュー》）の *Doctrinale*《ドクトリナーレ》（韻文で書いたラテン文法書）が圧倒的な人気を得てきた。その証拠には十七世紀頃まで、この本のタイトルの影響によって英語でdoctrinal《ドクトリナル》と言えば一般に「教科書」という意味に用いられていたくらいである（今ではこの単語は「教義上の」という形容詞としてだけ用いられる）。

このように文法的に学ぶ言語といえばラテン文法に決っている時代が長かった。それで英語でも十七世紀までは、grammar《グラマー》と言えばラテン文法に決っていたから、わざわざその前にLatin《ラテン》とつける必要がなかった。イギリスでは十五世紀末から十六世紀に、ラテン語を教える学校が、大陸のルネサンスの影響で作られたが、その種の学校は、単にgrammar school《グラマー・スクール》と呼ばれたのである（もっとも一九四四年＝昭和十九年のイギリスの教育法によって、グラマー・スクールは実業学校と区別して、古典語や文学や歴史や理科などの自由教科《リベラル・アーツ》を教える高等学校一般に用いられるようになった。ところがアメリカでは、十九世紀頃にグラマー・スクールと言えば「英語の文法」を教える学校であった）。

このように中世以来、研究の対象になったのは、つまり、文法書によって勉強する言語はラテン語であり、ラテン語は特別なのであった。そのほかには「聖書が書かれていた言葉」ということで、ラテン語と並んでヘブライ語とギリシャ語が神聖視されていたが、主としてまだ特別な人が研究していたので、ラテン語のように広く教えられたり、一種の普遍語《コイネー》となっていたわけではなかった。

最大の事件・ルターの出現

マルティン・ルターの出現は、西ヨーロッパの言語観の上でも最大の事件であった。彼が四十一項目にわたり、ルターの教えを有罪としたローマ教皇の教書をヴィッテンベルクで大学の同僚や学生や市民の前で公然と焼き、それで破門されたのが一五二一年であったが、その三年後の一五二四年（足利十二代将軍義晴の大永四年）に、彼はキリスト教的学校の設立と保持のために、ドイツ中の全市の参事会員たちに書状を送り、こう主張した。

「ラテン語とか、ギリシャ語とか、ヘブライ語とか、その他の学芸を学んでも何の益するところがありましょうか。実際、われわれはドイツ語で聖書や神の言葉を学ぶことができるのであって、これ〔ドイツ語〕さえあれば、われわれは至福に至るのに十分なのであります」

ルターはこの数年前、ザクセン選挙侯のヴァルトブルクの要塞にかくまわれていた間に聖書のドイツ語訳を行っていたのだった。「聖書をドイツ語で、つまり土着語で読める」ということが民衆にどれほどの感激と興奮を与えたかは、今日でもある程度想像できる。

なるほど聖書がゲルマン語（土着語《ウエナクルス》）に訳された例は前にもあった。たとえば東ゲルマン語（ゴート語）では四世紀にウルフィラス司教によって訳されていたし、古英語時代にも古英語に訳されていた。しかしそれらはすべて大昔の話であって、中世最盛期《ホッホ・ミッテルアルター》ともなれば、誰も読まないものになっていた。古英語に訳された聖書も古英語そのものがノルマン人の征服（一〇六六年）以降は、死語みたいなものであるから、その文学が再び読まれるようになった、つまり研究されるようになったのは十九世紀後半である。

ルターが現われる前の数世紀の間は、ローマ・カトリック教会が聖書翻訳の特権を持つと考えられていた。教会の公用語はラテン語であり、教義学や典礼書や日々の祈禱書に至るまで宗教生活に関するものはラテン語であった。その上、遂には聖書の解釈を信者が主観的に勝手にやらないようにと、俗人が聖書を持つのも禁じていたのである。イギリスでは一四〇八年（応永十五年、足利義満死去の年）にオックスフォードで開かれた司教会議で、司教の許可なしに英語の聖書（ウィクリフ系写本）を所有することを禁じた。そしていくつかの祈禱書だけが持つことを許可されていたのだが、それも例外なしにラテン語で書かれていた。

このような状況が何百年も続いた後で、ルターは、「聖書はドイツ語で読めば十分だし、みんな持ってもよいのだ」と言ったのだから大変である。誰でも聖書を持ち、それを読んで我流に信ずればよいのだ、と考える人も出て、ドイツ全土は興奮の坩堝《るつぼ》の如き様相を呈してきた。自分の手に持っている聖書一巻は、ローマ教皇庁に匹敵する権威があるのであり、ドイツ語はラテン語、あるいはギリシャ語やヘブライ語の如く、神聖とされた言語に劣らぬ価値があるのだ――と知った時の人々の興奮が宗教改革の本質である。つまり聖書がドイツ語（土着語）に訳されたことが宗教改革の原動力であった。ラテン語と土着語は聖書の翻訳によって同格になったのだ。

フランスにおいては、カルヴァン（英語でカルヴィン）の『キリスト教要義』が、ラテン語からフランス語に訳されたことが最初であったとされている。これによってそれまで土着語（フランス語）には全く閉ざされていた分野、すなわち修道会士たちの世界ともいうべき神学の中に、土着語が初めて、しかも百パーセント侵入したことを意味していたからである。

フランスでアリストテレス（つまり中世のカトリック教会が特に重んじた哲学者）を過激に批判し、後にプロテスタントになって聖バートロメイ虐殺の犠牲になったラムス（Petrus Ramus = Pierre de la Ramée, 1515-72）の本を訳したイギリス人も「アリストテレスやプラトンのようなギリシャ哲学者や、ヒポクラテスやガレヌスのようなギリシャの医者たちは、ギリシャ語が母国語〔土着語〕だからとてそれを捨てて、ヘブライ語だとかラテン語で書こうとしたろうか」と言っている。聖書の翻訳から始まった言語の平等論は、他の分野の翻訳まで間もなく及んだことがよくわかる。

先駆者ウィクリフ

もちろんイギリスにおいても、英語の地位を高めようとした最初の人たちは聖書の翻訳者たちだった。

イギリスではウィクリフ（John Wycliffe, c.1320-84）が先駆者であり、信仰の基礎をローマ教皇でなく、聖書に置くべきだとして、聖書を英語（土着語）に翻訳した点では約百五十年後にルターがやったことと同じであった。そして、たとえばラテン語の resurrectio《レスールレクティオ》（＝resurrection《レザレクション》復活）を、民衆にも解り易く rising again to life《ライズイング・アゲン・トゥ・ライフ》（綴字は現代風に変えた）、つまり「再び生命に立ち上る＝よみがえる」というようにしている。

しかしウィクリフの頃はまだ印刷術がなかった。だから弟子たちが写本で流通させたので、本当はどこまでウィクリフ自身の訳であるかわからない。グーテンベルクが聖書を印刷したのは一四五五年頃であるから、ウィクリフの聖書の英訳より約一世紀も後になる。ウィクリフの聖書は、したがって書写されるだけであり、しかもその頒布も厳しく取締られたので、一つの運動——Lollards《ロラーズ》（「ぶつぶつ言う者」の意味）と呼ばれる——にはなったが、宗教改革という大運動には発展しなかった。ルターの時代は、印刷本の世界で言う揺籃期本《ようらんきぼん》（incunabula《インキュナブラ》）の時期をとっくにすぎて、印刷本が爆発的に流通する時代に入っていたのである。イギリスで最初に印刷機を導入したのはキャクストン（William Caxton, c.1422-c.91）で一四七七年前後だから、やはりウィクリフより一世紀も遅かった。

テンドルによる聖書の翻訳

ウィクリフの次に出て聖書を翻訳したのはウィリヤム・テンドル（William Tyndale, ?1490-1536）である。彼はオックスフォード大学からマスターの称号を得てからケンブリッジ大学に移った。ケンブリッジ大学は当時ギリシャ語に通じた大人文学者として全ヨーロッパに知られていたオランダ出身のエラスムス（Desiderius Erasmus, 1466-1536）が教えていたこともあって、テンドルには魅力的だったのであろう。そしてエラスムスの著作の英訳などもやっていたのであったが、彼の教会に対する見解が非難されて、教会当局から叱責《しっせき》を受けた。この体験からテンドルは教会の堕落を実感し、その矯正のためにはキリストの言葉である新約聖書を英語(土着語)に訳すのが一番だと考えるに至った。この頃に彼が自分の論敵である司祭に向って発したという言葉が残っているが、それは次のようなものであった。

「もし神が私に寿命を与えて下さるならば、何年も経たないうちに、私は畑で鋤を引いている農奴の少年〔無知な階級の代表〕をも、司祭であるあなたより、聖書のことをもっとよく知っているようにさせるつもりだ」

これはテンドルが二十代の半ば頃の言葉であるが、この中に宗教改革と土着語の本質的関係が喝破《かっぱ》されていると言ってよいであろう。

テンドルはロンドンに出て学者として令名が高いロンドン司教カスバト・タンストル(Cuthbert Tunstall, 1474-1559)の援助を求めるが拒絶された。そしてロンドンにいる間にルターの影響を受け、ドイツに渡り、ヴィッテンベルクにルターを訪ねている。ケルンで新約聖書を訳し出版も進んでいたのだが、迫害の手が及んできたので、印刷されてまだ本になっていない紙束を持ってウルムに逃げ、そこで印刷され、イギリスに密輸出された。英語訳の聖書の最初の印刷本は、ドイツで訳され、ドイツからイギリスに輸出されたことになる。イギリスの司教会議はこの密輸された英訳聖書の禁書を決議し、かのロンドン司教タンストルは所有し続けた者は破門にすると宣言した。テンドルはその後も旧約聖書の多くの部分を、主としてアントワープで訳した。テンドルの聖書は禁止されたにもかかわらず、イギリスでも出版され続けている。しかし彼自身は友人として近づいてきたイギリス人に裏切られて――この男はテンドルから借りた金を返したくなかったから手先になったのだと言われている――ついにブラッセルの近くで絞首刑にされた上で火焙《ひあぶ》りにされた。

テンドルは外国に住む貧しく無名な人間にすぎなかったはずであるが、いつの間にか母国のイギリスでは知らない人のないほどの有名人になっていた。聖書の翻訳や論争に示された彼の学識は驚くべきものであり、英語の文体は明快ですこぶる迫力があった。彼の聖書の翻訳は正確かつ原本に忠実だった上に、文体も気取らず、明快で力強かったところから、後の聖書の翻訳、特に一六一一年の欽定訳聖書に絶大な影響を与えた。たとえば「愛」という単語をラテン語系の charity《チャリティ》 でなく love《ラヴ》 とすることに定着せしめたのもテンドルの功績である。

このようにしてルターにはじまる宗教改革とその聖書の翻訳は、ラテン語と土着語が、宗教的に同権であることをすべての人に実感させるようになった。カトリック側ですら、一五八二年には、新約聖書を、一六一〇年までには旧約聖書をも英語で出すようになった。みんなの関心が自分の母国語に向い出したのである。

第三章　英語に対する劣等感の発生

その時イギリスでは何が起ったか。

それは母国語に対する劣等感である。ルターやテンドルのような宗教改革者の影響により、土着語もラテン語やギリシャ語やヘブライ語と同じく聖書の言葉になりうるということが宗教的には受け容れられるようになった。つまりラテン語も英語も、いわば神の前では「同権」であることになったが、現実には「同等」ではないことを思い知らされたのである。

イギリスにはルネサンスがイタリアよりもざっと二百年遅れでやってくるので、イギリスではルネサンスの産物である人文主義と宗教改革が時間的には重なるため理解しにくいところがある。たとえばイギリスで宗教改革をやって大修道院を潰したヘンリー八世は、典型的なルネサンス的人文学的教養の国王であり、ラテン語修得の学校であるgrammar school《グラマー・スクール》を沢山作ってもいるのだ。

元来、ルネサンスと宗教改革は正反対の性質のものである。たとえて言ってみれば、ルネサンスは暖流であり、宗教改革は寒流である。ルネサンスは言語的には華麗さや豊富さを求める人文主義《ヒューマニズム》（humanism）に通ずる。この場合のヒューマニズムとは、近代の人道主義《ヒューマニテイリアニズム》（humanitarianism）とは異なる。この場合のヒューマニズムは中世ラテン語で宗教的・神学的な文献を読むことではなく、古代のギリシャやラテンの人間的な文学作品を研究することである。

別の言葉で言えば、神中心の関心（theocentric《セオセントリック》な心的態度）から、人間中心の関心（homocentric《ホモセントリック》な心的態度）に移った文献研究のことである。そして古典ラテン語の代表は、キケロであったことから、中世ラテン語をやめて、古典ラテン語にもどろうという運動になるが、これをCiceronianism《シセロニアニズム》（キケロ風ラテン語崇拝）と言う。これはイタリアではロレンツォ・ヴァラ（Lorenzo Valla, 1407-57）が三十三歳頃に書いた『ラテン語の優雅さについて（*De Linguae Latinae Elegantia*, 1440）』という著書を起爆点として全ヨーロッパに燎原《りょうげん》の火の如くひろまるのであるが、それはルターがドイツで「ラテン語などは神の御言葉を知るのに必要ない」と言い出す八十四年も前の話である。だから時系列的に言えばルネサンス・ヒューマニズム→宗教改革となり、宗教改革はルネサンス・ヒューマニズムに対する北欧的反動という要素もあった。

しかしイギリスには、島国であることもあってか、人文主義も宗教改革も一緒にやってきた。

暖流と寒流が同時に押し寄せた感じである。そのために、母国語（英語）の価値に対する自覚、目覚めを示す行為が、同時に母国語に対する劣等感を示す発言と、時期が重なるという現象が見られるのである。

語彙の貧弱さに気付く

そして国語に対する発言の変化は、だいたい次の四つの段階を経てきたと言えよう。

まず第一段階としては、ラテン語を英語に訳してみて、英語の貧弱さに改めて気付く、という時期があった。これは一、二の例外はあっても、一五六〇年頃までと言える。聖書はテンドル以降、平明な言葉を使おうとするのであるが、聖書を「鋤を引く農奴の少年」も読めるような英語にすると決心していたテンドルさえも、captivite（= captivity〔バビロニア〕捕囚）とか lunatyke（= lunatic 気の狂った）とか similitudes（たとえ話）とか、多数のラテン語そのままのような単語を、自分の英訳聖書に入れなければならなかったのである。つまり聖書の語彙《ボキャビラリ》に相当するほど豊かな単語を、土着語である英語の中に見つけることができなかったのであった。

聖書の翻訳ですら、訳語の不足に苦労しているのだから、いわんやギリシャ・ラテンの古典文学や大陸の人文主義者の書物を英訳しようとしたイギリス人にとっては、英語の語彙の乏しさは正に慨嘆すべきことであった。

この頃に古典語（ギリシャ語・ラテン語）の文献を英訳しようとした人たち、特に大陸の人文学者の書物を英語に訳そうとした人たちが、英語の貧弱さを嘆く時に使った形容詞の代表的なものを三つあげるとすれば、それはまずbarren《バレン》（不毛な、〔土地などの〕やせた、貧弱な）ということだった。キケロ風の絢爛《けんらん》たるラテン語を英語に訳そうとすると、それに相当する語彙が英語にはないことに気付くのだ。ギリシャ語やラテン語の世界が肥沃《ひよく》な、豊饒《ほうじょう》な大地とすれば、英語は痩《や》せた土地に思われたのである。たとえば奈良朝や平安朝の日本人が、漢籍や漢訳仏典を日本語に、つまり大和言葉に訳そうとしたらどんなに困惑したであろうか。それと一脈通ずる状況に十六世紀のイギリスの文人は置かれていたと言ってよい。

ロジャー・アスカム（Roger Ascham, 1515-68）と言えばケンブリッジの大学者である。彼はエリザベス女王が娘の時の個人教師をしたり、メアリー女王の個人教師もしたり（そのためにメアリー女王はコチコチのカトリックであったにもかかわらずアスカムがプロテスタントであることを許した）、後には女王になったエリザベスにも再び個人教師をした人で、重要な教育論の著作もある。彼は一五四五年に出した弓術の本の献辞の中で次のような趣旨のことを言っているのだ。

「自分はこの本をラテン語で書けばもっと書きやすかったたし、名誉になったろう。ラテン語やギリシャ語ではすべてが実によく表現されている。これに反して英語ときたら実に貧弱な表現しかすることができない。この本を英語で書いたのは、英語が秀れているというわけではなく、ラテン語の読めないイギリスの紳士《ジエントルメン》や郷士《ヨーメン》のために、自分には不利にもかかわらずそうしたのである」

ラテン語の読めない人のために英語で書くという動機は、聖書を訳した時のテンドルの気持ちと同じである。

更に英語が劣った言葉であることを示すためによく用いられた形容詞はbarbarous《バーバラス》（野蛮な）と、inelegant《イネレガント》（野暮《やぼ》な、洗練されていない）である。この二つの単語は同じ意味に使われていたと言ってよいであろう。現代英語でいえばrude《ルード》（粗野な）とかgross《グロス》（粗末な）というのと同じことである。

英語の豊饒化への努力

ヘンリー八世の外交官でもあり著作家としてもすぐれていたエリオット（Sir Thomas Elyot, 1490?–1546）もやはりこう言っている。

「ラテン語で書く詩人たちは、英語で書くよりも比較にならないほど優雅に、かつ楽しく書くことができる」

彼は『統治者の書（*The Boke named the Governour*,1531）』という政治家教育のための本を英語で書き、それがヘンリー八世の宮廷で大いに人気があったために、神聖ローマ帝国皇帝への大使に任ぜられたのである。エリオットはギリシャ語からもイソクラテスを訳したりして、当時の翻訳者としても重要な人物であるが、同時に、自分の著作はすべて英語で書いたプロテスタントである。その人でさえも、古典語にくらべると、英語は比較にならないほど優雅さに欠ける、つまり野蛮だと言っているのだ。また彼が聖キプリアヌスの説教をラテン語から英語に訳す時、「原文は非常にエレガントなので、英語に訳すのはとても難かしかった」と告白してもいる。

そこでこの時期の人たちは、翻訳によって英語を豊かに、そして優雅にもしようとしたのである。「テューダー王朝期の翻訳」という一分野が英文学史にはあるが、その動機の一つは、翻訳によって英語の豊饒化に貢献しようという愛国心からであった。

ではどうしたら翻訳によって英語を豊かにすることができるのか。一例としてエリオットがプルタルコスから訳した本のタイトルをあげてみよう。

それは *The Education or Bringinge up of Children*《ザ・エデュケイション・オア・ブリンギング・アプ・オブ・チルドレン》 というのであった。「教育」を意味する education《エデュケイション》 という単語はラテン語である。十六世紀前半のイギリスではまだ知らない人も多い。そこでみんなが知っている土着語である英語の bringing up《ブリンギング・アプ》 と言い換えてみせているのだ。日本語に訳せば「教育、つまり子供《こども》を育《そだ》て上げること」ということになろう。「教育」は漢語、つまり外来語であり「こどもをそだてあげること」は土着語、つまり大和言葉である。こういう言い換えを煩瑣《はんさ》なまで当時の翻訳家は使ったのであった（これを茶化した場面がシェイクスピアの『お気に召すまま』の五幕・一場・四五―五二行にもある）。

エリオットの羅英辞典

更にこのエリオットという人は、英語の豊饒化のためにラテン語辞典、つまり羅英辞典を作っているのである（*The Dictionary of Syr T. Eliot, knyght*, 1538. 後に Thomas Cooper《トマス・クーパー》が改訂改題して *Bibliotheca Eliotae*《ビブリオテカ・エリオタエ》, 1550）。この辞書のタイトルを単に The Dictionary（辞典）とだけしたのは、「grammar《グラマー》（文法）と言えば Latin grammar《ラテン・グラマー》（ラテン文法）」と決まっていた時代であるから、dictionary《デクショナリ》（辞書）と言えば Latin-English dictionary《ラテン・イングリッシュ・デクショナリ》（羅英辞典）に決まっていたからである。この辞書を作った時のエリオットの意図は、「ラテン語の語彙《ボキャビラリ》を即《そく》英語の語彙にしよう」ということであった。

これは日本人には解り易いことだと思う。私は小学校の時から漢和辞典が大好きで、中学生の時は塩谷温先生の『新字鑑』を写そうと試みたほどであったが（もちろん最初の二十ページぐらいで挫折）、外国語の辞典という意識はなかった。まだ知らない漢字があるのでそれを知りたいというだけで、漢字は元来シナから来たことは明かであるのに、漢和辞典中の全語彙は日本語のものになっているという感覚が強かったのである。漢和辞典に入っている漢字なら、どれほど難かしい字を使っても、日本語であると思っていたわけになる。幸田露伴の『幽情記』だって立派な日本文学なのだから。

だからずっと後になって、漢和辞典のことを英語でChinese-Japanese dictionary《チャイニーズ・ジャパニーズ・デクショナリ》と言うことを知って違和感を覚えた。漢和辞典の「漢」は私の頭の中では決してチャイニーズという外国語ではなくて、日本語の中の難語という風に漠然と感じていたのだと思う。何しろ最初の勅撰詩集は和歌でなく漢詩集の『凌雲新集』(嵯峨天皇の弘仁五年＝西暦八一四年)で、それは最初の勅撰和歌集である『古今和歌集』(醍醐天皇の延喜五年＝西暦九〇五年)より一世紀近くも古いのである(勅撰でない漢詩集なら孝謙天皇の天平勝宝三年＝西暦七五一年の『懐風藻』がある)。この頃の日本はイギリスのアルフレッド大王（Alfred the Great, 849-899）がラテン語の勉強をも奨めた頃と、ほぼ同じ頃である。漢字は知的階級では完全にマスターされ、それで韻の整った詩まで作れるようになる。それが次第に一般の語彙に浸透して千年もの伝統を経ると、漢文の全語彙が潜在的には日本語の語彙と感じられるのであろう。

英語でも同じプロセスがあったのであるが、ラテン語は聖職者を中心として学識者の言葉で、ラテン語系であるフランス語が日常語の語彙やロマンス文学（フランス系の文学）の翻訳に入っていたにすぎなかった。それが宗教改革で母国語意識が目覚め、その時期がイギリスではルネサンス・人文主義の到来と一致したため、翻訳しようとするとラテン語の語彙を直《ちょく》に導入しなければならなかった。それは民衆にも読ませることを目的として聖書を訳したテンドルでさえそうであった。その直に英語に入って来たラテン語の単語を普及させ、それによって英語の語彙を豊饒化させるためには羅英辞典が必要だとエリオットは洞察して実行した先覚者ということになる。

別の言葉で言えば、これはラテン語の全語彙を潜在的に英語の語彙にしようという愛国心の現われであった。そして実に厖大な数のラテン語がこの時代以降の英語に入っているのである。その状況は、古英語辞典を見ればすぐわかる。古英語のほとんど全語彙がゲルマン語系で大幅にドイツ語辞典（もちろん語形は少し変っているが）と重なっているのに反し、現代英語の辞典では、ドイツ語と同根の単語を探すのがかえって難かしいくらいである。

これは『萬葉集』や『源氏物語』の語彙集を見れば、ほとんど全部が大和言葉であるのに反し、現代の国語辞典、特に小型の『日用字典』（例えば清水書院のもの）を見れば、九割以上が漢語であると言ってもよいのと同じではないか。『日用字典』を引く人は外国語の辞書を引いている意識はないであろう。それほど日本語は漢字によって豊饒化されてきているのであり、英語も日本語と似た語彙構成になっているのである。それを意識的にやった人の走《はし》りにエリオットのような人がいたわけである。
母国語、すなわち土着語と古典語は同権であることに目覚めて、聖書をはじめとする翻訳で、特に人文主義者のラテン語著作の翻訳をやってみて、英語の貧困さ、粗雑さ、洗練のなさなどを痛感した時期、そしてそれを補なおうという努力の生じた時期を、近世イギリスの母国語意識の第一段階とすれば、それは大体、一五六〇年頃までと言ってよいであろう。もちろんこの年代区分は大体の風潮ということである。

英語はもう豊かになった

そして一五六〇年頃を境《さかい》にして、イギリス人の国語意識に変化が見られる。これは一五六〇年頃から一五八五年頃までの四分の一世紀の特徴である。これが近世イギリスの国語意識の第二段階である。それは「英語はもう豊かになった」という意識である。それで十六世紀前半において英語の貧弱さを嘆くために使われた形容詞は、それと反対の意味の形容詞に変わる。つまり、

barren《バレン》（［土地などが］不毛な）→ copious《コーピアス》（豊饒な）
barbarous《バーバラス》（野蛮な）→ refined《リファインド》（洗練された）
inelegant《イネレガント》（あかぬけない）→ elegant《エレガント》（優雅な）

といった工合に英語を讃える形容詞に変ったのである。

長い間――一〇六六年に北フランスのノルマンディー公ウィリヤムにイギリスが征服され、フランス語が上流階級の言語になって以来ずっと――「英語は野蛮で貧弱で文学にならない下層階級の言葉だ」と思いこんでいたイギリス人、特に教養人は、ルネサンスでギリシャ語やラテン語の古典を広く知るようになり、「英語は貧弱だ」という劣等感を更に強くしていたのだったが、エリオット等の果敢なラテン語借用導入の運動によって、「英語は豊かな言語である」という自信を持つようになった。

この英語という国語に対する自信を表明した最初の一人が、イギリス最初の堂々たる詩論『詩の弁護』(*An Apologie for Poetrie*, 1594. 多くの本に初版1595としてあるがその前年版のものが一冊発見されている)を書いたフィリップ・シドニー(Sir Philip Sidney, 1554-86)である。

彼は日本の英語の教科書などでは、オランダの戦場で負傷して死ぬ前、一杯の水を、側に瀕死の状態でいた兵士に譲り、「君は私よりも水を必要としている」と言った逸話の持ち主として知られている人物である。すぐれた軍人(騎士)であると同時に、外交使節としてイタリアからポーランドに至る各地に赴任した国際人であり、フランス語の詩を訳したり、ペトラルカを真似たソネットを英詩で作ることをはじめたりした詩人でもあった。彼は古典文学も、近世イタリア文学もフランス文学にも精通していた。その彼が『詩の弁護』の中でこう言ったのである。

「言語の目的である心象の甘美、適正なる表現ということに関しては、英語は世界のいかなる言葉と比較してもひけをとることはない」

これを語彙の面から解釈すれば、ラテン語やラテン語系の単語——つまりフランス語やイタリア語と共通の単語——を英詩の中で、自由に使いこなすことができるようになった、という実感を述べたものであろう。

またマルカスター（Richard Mulcaster, c.1530-1611）という教育者でかつ国語教育論の第一人者は、一五八二年に出版された『基礎教育論《ゼ・エレメンタリ》』の中で、「どの言語にも最高に発達した時期というものがあり、後世の人はそれを基準にすべきである。それはギリシャではデモステネスとその時代の哲学者たちのギリシャ語、ローマではキケロとその同時代のラテン語であり、英語では自分の時代である」という主旨のことをのべている。

マルカスターがこう揚言した時、前に触れたフィリップ・シドニーは二十八歳、エドマンド・スペンサーは三十歳、フランシス・ベーコンは二十一歳、かのシェイクスピアはまだ十八歳。つまりエリザベス朝文学の華《はな》と言われた人たちは、まだ書き出していないのだから、マルカスターの英語に対する誇りは、今から見れば時期尚早であり、やや滑稽ですらあるのだが、上掲書の中で彼は「私はローマを愛するが、ロンドンをもっと愛する。私はイタリアが好きだが、イギリスはもっと好きだ。私はラテン語を尊敬《オナー》する。しかし私は英語を崇拝《ワーシップ》する」と言っている。

十六世紀も後半、エリザベス女王が即位して四分の一世紀にもなり、スペインの無敵《インヴィンシブル》・艦隊《アルマーダ》を撃破する直前の頃にもなると、愛国心と言うかナショナリズムと言うか、そういう気分が澎湃《ほうはい》として起ってきているのだ。そうした時代の気分が、「英語はもう十分に豊かになった」という認識を産み出したのである。

「自信派」

国語意識がこの段階までできた時に、英語の現状に対して二つの対立する見方が生じた。一つはシドニーやマルカスターのように、「英語はこのままで、最高の言語の一つになっている」という「自信派」である。シドニーなどは英語の語彙がゲルマン系とラテン系の混合した「ごたまぜ語（a mingled language）だ」という批判に対しても、「文法のない言語だ」という批判に対しても、昂然として次のように言い切っている。

「英語は〝ごたまぜ語〟じゃないかという人がいることを私も知っている。混っている両方の要素を最もよく活用しているのだから、かえってその分よくなるだけの話ではないか。またある人は言う。〝英語には文法がない〟と。とんでもない。本当は英語に文法がないということは讚辞というべきなのだ。というのは文法はあってもよいし、なくてもよいものだからである。英語はそれ自体でこんなにも使い易く、格《ケイスズ》とか性《ジェンダーズ》とか法《ムーツ》とか時制《テンスズ》とかいう、例の厄介な区別などもなくさっぱりしている。自分の母国語を〔文法を通じて〕学ぶために学校に行かなければならないということは、バベルの塔の呪《のろ》いの一つだと私は思っている」

英文法不要論の元祖とシドニーは見なされえよう。ここで「文法で母国語を学ぶのは、バベルの塔の呪いの一つだ」と彼が言ったことには、彼の時代の特殊な背景がある。

「バベルの塔」は誰でも知っているように、旧約聖書の創世記十一章にある話で、ノアの大洪水のあとで、バビロンの人たちが天に達するように高く築いた塔のことである。神はそうした人間の思い上った行為を憎み、人々の言葉を混乱させた。そのため人々は一致協力することができず、バベルの塔はできなくなってしまった。この時、神によって「言葉を乱された」ということが、諸言語が発生した理由とされていたわけである。

ところが十六世紀の前半にゲルマン語崇拝論者が出てこう主張し出した。「ゲルマン人の先祖はバベルの塔の建設に参加しなかったから、ゲルマン語は神によってバベルの塔のところで乱されなかった。したがってゲルマン語こそ最古で、最も由緒正しい言語である」と。

たしかに宗教改革でバイブルの土着語訳がなされた時、それまで聖書の言語として神聖視されていたヘブライ語、ギリシャ語、ラテン語に対抗して、土着語（ルターの場合はドイツ語、テンドルの場合は英語）の価値を引き上げ、少くともギリシャ・ラテンの古典語と同格に考える立場を取る必要があった。

ところが、例えばブラバント生れのファン・ゴルプ（John van Gorp = Joannes Goropius Becanus, 1518-72）は「ゲルマン人の先祖はバベルの塔の建設に参加しなかった」というような説を一五六九年に『アントワープの起源（*Origines Antverpianae*）』の中で発表し、ゲルマン語は、ヘブライ語、ギリシャ語、ラテン語という神聖視されてきた言語の御三家と同格どころか、それらよりも古く、唯一由緒正しい、バベルの塔以前の言語であることを主張したのである。

これは西洋における言語観においては、コペルニクス的転換を意味し、かつ、宗教改革やそれに伴う国語意識の昂揚にも都合がよかったので、当時急速にひろがったのである。

シドニーは、ギリシャ語やラテン語のように、文法用語を駆使して学校で学習しなければ、それを母国語とする人でも一人前でない、という言語は、神が人祖に授け賜うた言語であるわけはなく、バベルの塔の呪いで混乱させられた言語だからであろう、と言っているのだ。ここには明かにゲルマン語崇拝論者——略してゲルマン狂徒と言うことにする——の影響が見られる（ファン・ゴルプ等の説はそのうち消えてゆくが、少くともゲルマン人の潜在意識の中にはその後も残っているらしい。歴史家アーノルド・トインビーが、一九六〇年代に植民地でも人種差別が特に悪質なのは宗主国がゲルマン語系の言語を使うところだと指摘したことがある。彼がその時に例をあげたのは、北米と中南米での白人と先住民との融合度の違いや、アパルトヘイトの南アフリカなどであった)。

規範を求める人たち

外来語をうんと導入して、「もう英語は豊かになったから、文法など要らない」というシドニーのような人もいたが、一方では、「英語は豊かにはなったが規則(綴字法や文法)がなく、古典語にはまだ及ばない」と考える人も出てきた。

「英語は十分に豊かになったんだ」という意識を同じ頃に持ちながら、そこで満足したり、更に夜郎自大になる人もいたし、まだまだ整理されず、規則化されていないと嘆く人もいたわけである。満足派・夜郎自大派は国語意識の第二段階であり、そこに満足せず英語に規範を求める人たちは国語意識の第三段階に入ったと言えよう。最初の英文法は、この国語意識の第三段階に入った人たちによって作られ出すのである。つまり英文法の歴史は、近世イギリス人の国語意識が第三段階に入るに及んで発生したと言えよう。そこで先ず最初の英文法から見てみよう。

第四章　最初の英語文典——ブロカーの『簡約文法《ブリーフ・グラマー》』

「英語は十分豊かになり、古典語やフランス語やイタリア語と比較しても見劣りがしなくなった」

という認識がシドニーのような人たちの間に生じた時、「それでも英語はまだ後進国言語だ」と考えた人も出た。その理由は第一に「英語の綴字は実際の発音と乖離《かいり》しすぎている」ということと、第二に「英語には文法がない」ということであった。

「文法がない」ということは具体的には文法書（文典）がないということである。つまり英語はギリシャ語やラテン語のような古典語や、イタリア語やフランス語のような先進国語と違って、まだ規範のない状態にあると見た人たちもいた。

こういう認識を以って最初に英文法書を書いたイギリス人はブロカー（William Bullokar, c.1520-c.90）である。彼の生れた年も死んだ年もわからないが、一五二〇年頃から一五九〇年頃まで主としてロンドンに住み、教職にあり、後に軍人になり、再び教職にもどったことが知られている（チチェスター（Chichester）の Bullokhart と同人という説もあるが、これを私は採らない）。セント・ポールズ・スクールの校長をしていたとも言われるが、彼の名前が歴史に残ったのは、最初の英文法書を書いた人物としてである。

ブロカーが国語の問題に最初に直面したのは、子供たちに英語のスペリングを教える時であった。当時の英語のスペリングは――今でもそうであるが――実際の発音とかけ離れているので、子供たちが勝手に発音する通りに書いてもそれを教師として自信をもって正してやることができないのだった。

いろいろやっているうちに、彼は「アルファベット二十四文字では英語を正しく表記することは不可能で、全部で四十個ぐらいの文字を必要とする」という洞察を得たのである。それで彼は先ず『英語綴字法改良詳論（*Booke at Large for the Amendment of Orthographie for English Speech*, 1580）』を書き、その中に英語の辞書を書く計画のあることを述べている（この計画は実現しなかったが、息子のジョンが、父の志を継いで英語の辞書を出版した。すなわち *An English Expositor*, London: J.Legatt, 1616 であるが、これは英語辞書史の上で二番目に古いものである）。

ブロカーはその後、一五八五年にイソップの寓話とカトー（ローマの政治家、雄弁家）の金言集を、自己流のスペリングで印刷したものを出版した。彼の綴字法は、今の言葉で言えば発音記号に似たもので、表音主義、あるいは一字一音・一音一字主義と言うべきものである。その方式で書いたものは新しい活字も作らねばならず、出版も難しく、また出版されたものも解読が容易でない。

しかし彼は、更に英語の後進性はスペリングの乱雑さにあるのみならず、文典もないことに気づいて、英文法書をも出版するのである。これがいわゆる『簡約英文典（*Bref*〔*Brief*〕*Grammar for English*, 1586）』で、英文法書の本当のはじまりである。

書誌学的見地から

余談にわたるが、最初の英文法書であるブロカーの *Bref*〔= *Brief*〕*Grammar* の書誌学的な問題を参考のために紹介してみよう。この原本で存在するのは長い間ただ一冊、オックスフォード大学のボドリーアン図書館（the Bodleian Library）の書架記号《シェルフ・マーク》 Tanner《タンナー》 67にあるものだけと考えられていた。それをドイツの英語学者プレソウ（Max Plessow）が一九〇六年、つまり日露戦争の翌年にベルリンの書店から復刻版を出したのであった。

この本の全表題はやや長ったらしく——当時の本はたいていそうなのだが——次のようになっている。

「英語をすみやかに分析し、他の諸言語の文法知識により簡単に近づくため、自著の精説

W. Bullokarz abbreuiation of hiz Gram-
mar for english extracted out-of hiz Gram-
mar at-larg, for the spedi parcing of
english spech, and the ęzier coming
too the knowledg of Gram-
mar for other lan-
gagez.

文典から抄出したW・ブロカーの文典の要約」

ここに原本のコピーを掲げたのは、ブロカーの綴字改革の実例を示すためである。このような長たらしい表題であるが、次のページから、各ページの上の欄外にはBullokar's Bref Grammar for Englishという表題がついている。それで略称としてBref Grammarという呼び方がプレソウ版以来定着してきた。私のオックスフォード留学時代（一九五八年）の指導教授であったドブソン先生（E.J. Dobson）もBref Grammarと呼んでおられた。

ただこの本のボドリーアン図書館の所蔵本には、それと一緒に『W・ブロカーの文法パンフレット（*William Bullokar's Pamphlet for Grammar*）』というのが三ページばかりついている。ドブソン先生は「これは*Bref Grammar* の宣伝広告だろう」という見方をされておられた。

ところがそれから七年経った一九六五年にオールストン（R.C.Alston）は「*Bref Grammar* というのは、*Pam-*

phlet for Grammar という本の欄外の見出しであって、実在しない本、つまり書誌学的幽霊(bibliographical ghost)である」という論文を学術雑誌に発表したのである(この論文はその前年の一九六四年にロンドン大学に提出したオールストンの未刊の博士論文の一部をなしていた)。

オールストンがこの説を唱えた根拠は、ブロカーの一冊しか残っていないと思われたボドリーアン図書館所蔵本のほかに、オックスフォードのクライスト・チャーチ・カレッジにもう一冊完本があることが見付かったからである。この本では、*Pamphlet for Grammar* が *W. Bullokar's abbreuiation of...* の前に付けてあり、*Bref Grammar* というのは、この本の各ページの上につけた欄外見出し(running title)であるから、今まで *Bref Grammar* と呼んで来たのは間違いだったとオールストンは主張するのである。ボドリーアン図書館所蔵本では、*Pamphlet for Grammar* が間違って製本されて(misbound)いたので、ドブソンはそれを広告と誤解したのであろう、とオールストンは言う。それで一九八〇年にリーズ大学からターナー(J.R.Turner)によってファクシミリ版が出された時、その表紙は、*Bref Grammar* ではなく、"*Pamphlet for Grammar*, 1586" という表題になっている。

これに対する私の意見としてはドブソン先生の方が正しいと思う。その根拠をのべると、第一に *Pamphlet for Grammar* は三ページにすぎず、それに八ページもの韻文の「読者へ」という序文が続く。その後に六十八ページの *W.Bullokar's abbreuiation of...* が来るのである。わずか三ページの Pamphlet は本当にパンフレットであり、それが本体である *W.Bullokar's abbreviation of...* の前に綴られようが、後ろに綴られようが、その性質は広告か宣伝のものである。あくまでも本体は *W.Bullokar's abbreviation of...* なのだ。そのタイトルが長いので（七十三ページ図版参照）、その略称の *Bref Grammar* を各ページの上の欄外に刷ったとしても少しもおかしくない。したがって、プレソウやドブソンが用いた *Bref Grammar* でよいのである。

ついでに、こんな明白なことをなぜオールストンがわざわざ学位論文で取り上げ、更に学術雑誌に出したのか。私はそこにロンドン大学を出た人のオックスフォード大学への対抗心を感ずるのである。ドブソンは二巻の英語音韻史の大著をオックスフォードから出して教授になった権威である。ロンドン大学という新しい大学から出た若きオールストンは、クライスト・チャーチ・カレッジ版を発見した時、これで権威あるオックスフォードのドブソン教授を批判できると思いこんだのではなかろうか。

オールストンの出てくる前に、アメリカ人学者で『英語の勝利（*The Triumph of the English Language*, 1953）』——通俗的な表題だがこれは英語の歴史について書かれた最重要文献の一つである——を書いたジョウンズ（Richard Foster Jones）はどうであろうか。彼は *Bref Grammar* と *Pamphlet for Grammar* を別の本と考えていた。前者を「自説の綴字法で全部書かれた本格的《シーリアス》な文法書」と言い、後者を「自説の綴字法を説明するための四、五ページの取るに足らない《スライト》著作」としている。この二つが一冊に製本されているという言及はないが、正しい見方であると思う。

ついでに英語の書誌の本ではこれがどう扱われてきたか見てみよう。エイムズ（Joseph Ames, 1689-1759）の『初期印刷術史（*Typographical Antiquities*, 1749）』は、一四七一年のキャクストンの『トロイ戦史』から一六〇〇年までの、イギリスのすべての出版人とその出版した本を集大成した便利な本であるが、これによるとブロカーの本を出したのはボリファント（Edmund Bollifant）という出版人である。彼は一五八五年にブロカーのイソップの訳（「カトーの格言集」付き）を十二折判《ドウオデシモ》で出し、翌一五八六年に同じく十二折判で *Pamphlet for Grammar* を出したことになっている。彼はクライスト・チャーチ・カレッジ版と同じ本を見て、最初に目に入ったタイトルを拾ったものと思われる。

ところがこれから約四十年後の一七八六年に、ハーバート（William Herbert, 1718-95）が、エイムズの一巻本に徹底的に改訂増補し三巻本にして出したのである。これではエイムズにある *Pamphlet for Grammar* というタイトルは消えて、*W.Bullokar's abbreviation of...* というように、七十三ページの写真版と同じ表題が全部引用してある。これはどういうことかといえば、ハーバートはブロカーの原本を読んだか、読んだ人の判断に従ったか、そのどちらに

せよ *Pamphlet for Grammar* の方を著作と見なさず、広告の類《たぐい》として扱ってリストに記載せず、本体である *W.Bullokar's abbreuiation of...* のタイトルを掲げた。そしてその本体の上の欄外にある欄外見出し《ランニング・タイトル》である Bref Grammar の方は書名として掲げなかった。これは正確な記述であり、ドブソンの意見とも合致する（もっともドブソンはブロカーに関してエイムズの本やハーバートによるその改訂版を参考にした形跡はない）。

本道は音韻史

最初の英文法であるブロカーの本の表題一つでもこれだけの話が出る、というのが文献学なのである。こういうことが面倒くさいとか、価値がないとか考える人は——それが正常だと思うが——文献学に向かない。またドブソン vs. オールストンの例でもわかるように、後から出てきた研究が正しいとも限らない。ドブソンもオールストンも共にキャリアをかけた博士論文で意見が分れている。常識的には後から出た批判者が有利なのだが、人文学はそう簡単にはいかないところがある。

余談のついでにつけ加えておけば、プレソウもドブソンもオールストンも、ブロカーの英文法の内容それ自体には興味を示さず、主として綴字を関心の対象にしている。というのは彼独特の綴字の工夫から、当時の英語の発音を推定したかったからである。

印欧比較言語学が音韻の歴史的・比較的研究から成立しているので、言語の歴史的研究の本道は音韻史であった。印欧比較言語学がほとんど「ドイツの学問」であったことから、英語学者も英語の音韻史を最重要課題と考えていたのである。

昔の英語の発音を知るためには、発音を忠実にスペリングに反映させようとした古い英文法の本が重要となる。そのために古い英文法書がドイツですでに戦前に続々と刊行されていたのであった。戦前のイギリスやアメリカにおいてはそこまで英語学が成熟していなかったのであり、これが千葉先生の「イギリスの英語学はドイツより五十年遅れている」という意味だった。

イギリスではオックスフォード大学初代の印欧比較言語学教授がドイツ人でライプツィヒ大学で学位を取ったマックス・ミューラーであることが示すように、近代的な歴史的、比較的言語学はドイツから学んだのであった。英語学でも近代的英語学の出発点は、オックスフォードのライト（Joseph Wright, 1855-1930）とスウィート（Henry Sweet, 1845-1912）にあると言ってもよいだろうが、この二人ともドイツのハイデルベルク大学に留学し、英語を音韻史的に扱った。その後オックスフォードの英語学教授として、またすぐれた辞書の編者として尊敬されたワイルド（Henry Cecil Wyld, 1870-1945）の英語史も主力は音韻史であり、スウィートより進んだ研究として市河先生も重んじておられる。そのあとにオックスフォードにドブソンが現われ、ロンドン大学にオールストンが現われるといった工合である。

だから私が大学生だった頃は、最も頭のよい英語学者は英語の音韻史をやるものらしいという認識さえあった。音韻史と言えば何といってもドイツが本場であるからリューイック（Karl Luick, 1865-1936）の著作、論文を読まねばならぬだろうが、彼の業績などは学生の頃の私にはとても手のとどきそうもない高嶺の花に見えた。その頃、東大にT・Sというとびっきりの秀才がいて英語の音韻史をやっているという噂があった。この人は昭和二十七年（一九五二年）に英国に留学することになった。当時、私は上智大学の四年生か大学院に入ったばかりの時だったと思うが、英語音韻史をやっているというその人の頭脳と、その頃に英国に留学できるというその人の幸運——その頃は自費留学は不可能であるからブリティッシュ・カウンシルを通じての留学であったと思うが、そのためには極めて有力な筋の推薦があったと推定された——の記事を『英語青年』か何かで憧憬と羨望《せんぼう》の気持ちで読んでいた。おそらく中島先生の後継者となるような人であろうと思われた。ところが間もなくその人の突然の訃報が伝えられた。何でもペナンあたりのマラッカ海峡に身を投じられたというのである。当時は留学生で自殺する日本人の学者は時にあったらしく、ドイツでも日本人の留学生には、自殺されると困るから下宿させないという人が時々いたそうである。投身の理由はわからないが、次の世代の日本の英語学の最尖端を行くはずの方が失われたのであった。それから六年後、ロンドンから帰国する私を乗せた船は途中、ペナンに寄港した。満月に近い月はマラッカ海峡に銀色のさざ波を作っていた。「T・Sさんが投身なさったのはこのあたりかな」と思うと感無量であった。それで拙い一句を作ってその霊に捧げた。「この月や　才子を呑みし　海の色」

英語学における音韻史はプロ中のプロのやる分野として畏敬され、また優秀な学徒の野心の対象であったが、私が留学した頃、あるいはそれより数年前にT・S氏が留学された頃に、丁度、研究成果はすでに極点に達し、もうやることがなくなった、あるいはたいして残っていない、という印象を学界に与えはじめていたのである。

ドイツではベルリン大学のホルンとレーナートの上下二巻で約千四百ページの大著『音韻と生命（W.Horn & M.Lehnert, *Laut und Leben*, Berlin, 1954）』が出、イギリスではドブソン先生の上下二巻で約千百ページの大著『英語の発音　一五〇〇年—一七〇〇年（*English Pronunciation, 1500–1700*. Oxford, 1957）』が出た。

前者は約五十年にわたって近世英語の音韻史に関するすべての論文を読み、かつ実験音声学の成果も十分に取り入れたもので、これを読んだらもう英語音韻史はやりたくなくなるといった感じのものである。一方ドブソンは戦中、戦後のこととてホルン＝レーナートの本を参考にはしなかったが、イギリス人の強味で、イギリスにあるありとあらゆる資料を検討しており、これ以上の史的資料を探すことは不可能という印象を与えるものである（例外としてオールストンがブロカーの別の一冊を見付けてドブソン批判をやったが、すでに批判したようにドブソンの方の判断が正しいと思われる)。

この独英の二点の大著はT・S氏が渡英する時点では出版されていなかったが、その進行状況などはひょっとしたら耳に入っていたのかも知れない。いずれにせよ、英語音韻史をやっている人が最高の英語学者という印象は今ではなくなったし、その方面の研究も盛んに行なわれているという感じもない。

これと共に古い文法書の綴字論に対する関心も少くなった。そしてむしろ古い文法書の文法そのものに関心を持つ人の方が多いような気がする。当時は私が調べた限り、ブロカーの文法を扱った論文はフンケ教授に一点、また同教授の『初期英文法史 (O.Funke, *Die Frühzeit der englischen Grammatik*, Bern, 1947)』に二ページにわたって取り上げられているだけであった。

『簡約英文典』の特徴

ここで本論にもどって最初の英文法書であるブロカーの『簡約英文典 *Bref Grammar* (1586)』の特徴のいくつかを検討してみよう。

ブロカーはその英文法書 *Bref Grammar* の前に八ページにも及ぶ韻文の序章 (too the Rædor 〔= to the Reader〕) をつけている。その中には彼の、また当時のイギリスの知識人の意識の中で注目すべき徴候がいくつか現われているので、それをまず見てみよう。

その第一は母国語に対する愛国心あるいはお国自慢的な態度である。英語は——つまりゲルマン語系の単語は——一シラブルの短いものが多い。これは少し前までは英語に対する劣等感のもとになり、野蛮とか不毛とか言われていたのであるが、宗教改革や、それに伴って生じたゲルマン語崇拝によって一転して自信のもとになった。

ブロカーは次のような主旨のことをのべている。「他国では多綴《ポリ・シラブル》語を五つ六つ使わなければならないところが、英語では五つか六つのシラブルで間に合う。しかも他国語に劣らず解り易く、耳で聞いてもより早く意味がつかめるのである」と。こうしたゲルマン語系の単綴《モノ・シラブル》語に対する誇りは、多くの初期の文法家に見られる特徴である。

第二は綴字改革の問題である。英語に対する誇りはあっても、英語における綴字と発音の乖《かい》離《り》には目をつぶるわけにはゆかない。英語も昔は——つまり古英語（一一五〇年頃以前の英語）や中英語もチョーサーの死後数十年はだいたい綴字《スペリング》通りに発音してもよかった。そして十五世紀の半ば過ぎにキャクストンが英語の印刷をはじめると——最初の英語の活字本は一四七一年——たちまち印刷された形のスペリングが普及することになるのだが、その後に英語の発音（主音節の長母音）に大変化が起るのである。いわゆる母音大推移（The Great Vowel Shift）と言われる現象である（九六ページ以下にくわしく説明する）。

目から覚えたスペリングは昔のままなのに、耳から聞えてくる音声はすっかり変ってきているという状況が生じた。これは当時のイギリス人の目から見た先進国語であるフランス語やイタリア語、あるいはギリシャ語やラテン語のような古典語にも見られないところであるから、これを規則化（ruled）しなければならないと考えるイギリスの識者が多く出たのである。

その時の規則化の原則として受け入れられたのは著名な学者政治家であり外交官であり、ギリシャ語の発音についても重要な著作のあるトマス・スミス（Sir Thomas Smith, 1513-77）——この人については一〇三ページでくわしくのべる——の唱えた「絵が事物を忠実に描写する如く、スペリングは音を忠実に写すべし（ut pictura, orthographia）」という原理であった。

別の言葉で言えば、一字一音・一音一字主義であり、スペリングと発音記号とを同一視する考えである。ブロカーが英語に関心を持ち、スペリングの本を書いたり辞書を作ろうとしたのも綴字問題から始ったのであった。そして英語の音韻を示すにはアルファベット二十四文字では足りぬとして、活字の上下にさまざまな発音異同符（ピリオド、カギ印、アポストロフィ、コンマなど）を付けて、何とか当時の英語を発音されるままに表記しようとした（七十三ページの写真版参照）。

これは彼の大なる努力にもかかわらず成功しなかった。ブロカーの最初の復刻者であるM・プレソウは「彼の綴字法に必要ないろいろな活字を作るのは確かに金がかかったであろうが、それにも増して難かしいのはそれを読むことである」と言っている。私もブロカーを読みほぐしていった時の苦労を思い出す。発音記号で書かれた本を読む難かしさを考えると想像がつくであろう。彼の本が普及しなかったのも当然であった。

ここで一つ注目すべきことは、ブロカーが発音の区別のためにやったことは、従来のアルファベットの文字の上下に発音異同符《ダイアクリテカル・マークス》を多く用いたことであるが、彼はそのために特別な文字を造りはしなかった。しかしその後の文法家の中には、徹底的に発音の区別を正確にしようと、新しい文字を工夫して用いる者も出たのである。こういう本を読みほどくのは本当に苦労であるが、正にその故にホルンやワイルドやドブソンやオールストンのような英語音韻史家たちは、古い綴字改革者たちの文法書の綴字論の部門に関心を持ったのである。

下敷きにした欽定ラテン文典

第三の点は、英語が本当に古典語（ギリシャ語、ラテン語）や先進国語（イタリア語、フランス語）に肩を並べるためには、語彙が豊富になっただけでは駄目で、文法においても「昔から規則化されているどんな言語にも匹敵できる完全に規則化された言語（a perfect <u>ruled</u>〔＝regularized〕tung, conferabl' in Grammar-art, with any <u>ruled</u> long）」（下線渡部）にしなければならない、ということであった。

それでブロカーは英文法を書くのだが、それには下敷きになるものがあった。それがいわゆる『リリーのラテン文典（W.Lily, *An Introduction of the eyght partes of speche...*, c.1542; *A Short Introduction of Grammar ...*, 1574)』である。これは説明が英語で書いてあるので、そのまま取り出せば「英文法」になる。ブロカーの*Bref Grammar*はだいたいこれと同じである。

このリリーのラテン文典は、ヘンリー八世の勅令によって一五四〇年以来、いわゆる欽定ラテン文法書（the Royal Grammar）となり、他のラテン文法を学校で用いることは禁ぜられた。人文主義者《ヒューマニスツ》のラテン文法書がいろいろ出て混乱しているので、王権を以って統一しようとしたのであった。

このように宗教改革後のイギリスにおいては『公共祈禱書（*The Book of Common Prayer*, 1549, 1552 etc.)』や『欽定訳聖書（*The Authorized Version of the Bible*, 1611)』のほかに、ラテン文法書まで王様の命令によって決定されたのであった。そしてそれはエドワード六世やエリザベス一世にも受け継がれ、大主教《アーチビショップ》が巡回視察の時も、それぞれの教区で「勅令による文法書を用いていない学校があるか否か」を問い訊《ただ》すことが巡視条項の中に入っていた。十六世紀も終り頃になれば他のラテン文法書も出たが、それは法令違反《イリーガル》のもので、決して学校で広く用いられることはなかった。つまりリリーのラテン文法書は近世初頭から三百年間、十九世紀の後半に至るまでイギリス人の文法観の基礎となったのである。最初の英文書であるブロカーもそれに依っているのであるから、このラテン文法書の概略をみてみよう。

リリー（William Lily, c.1468-1523）はオックスフォードで学んだ後、エルサレムやロードス島を訪ね、後にイタリアで著名な人文学者たちに学んだ。この時ローマで知り合ったコレット（John Colet, c.1467-1519）が後にセント・ポールズ・スクール（St.Paul's School）を作った時、校長として招かれた。コレットはすでに一五二七年以前に*Aeditio*《エディティオ》（〔文法の〕本）という奇妙な表題のラテン語品詞論（accidence）を英文で書いており、これにリリーが簡単なラテン語の統語法（syntax）を英文でつけたものが出版された。これがいわゆるリリーの文典のはじまりで、その後、いろいろな表題で出されている。

内容的に言うと品詞を扱った部分は、中世に広く用いられていたドナトゥスのラテン文法書の簡約版で『小ドナトゥス（*Ars minor*《アルス・ミノール》）』と呼ばれていたものと大差はなく、統語法《シンタックス》を扱った部分も『小ドナトゥス』に付けられたものを簡略にした上に英語にしたものであるから、中世のラテン文法に対して新機軸はない。ただ英語にしただけである。

しかしこの本はさまざまなタイトルにされながら——一七五八年からイートン校が手を入れた*Eton Latin Grammar*とも称される——十九世紀半ば頃まで教室のラテン文法書として独占的な地位を占めてきたのだから、その影響力も大きい。シェイクスピアの登場人物が口にするよく知られている格言的な表現の多くは、リリーのラテン文法書の例文なのである。

そのようなこともあってか、いわゆるリリーのラテン文典がブラッハ（Blach）によってはじめてリプリントされたのはドイツで出されている『シェイクスピア年鑑（*Shakespeare Jahrbuch* XLIV-XLV, 1908-09）』の中にであった。第一次大戦以前のドイツは英語学においてのみならず、シェイクスピア学においてもイギリスより先んじている面があったのである。私がリリーの文典をドイツで研究した時も、ドイツで出されたこの『シェイクスピア年鑑』を使った（ちなみに今、私が所有しているリリーの文典はバーゼルで出た一五三二年版——リリーの文典はヨーロッパ各地で印刷され、現存する最古版はアントワープで一五二七年刊行されたもので、ピーターバラ・カセドラル図書館に所蔵されている——と一七一四年のオックスフォード版と、一八五八年の『新イートン・ラテン文典』と一九四五年にニューヨークで出た一五六七年版のファクシミリの四点である）。

ラテン文法をそのまま手本に

ブロカーの英文典の構成は、何しろリリーのラテン文法の英語の部分を用いたのだから、中世以来のラテン文法と本質的に変っていない。中世で確立した文法学の四部門とは、

1. orthographia（正字法、つまりスペリング論）
2. etymologia（語格論、つまり八品詞についての説明）。十六世紀初頭頃からイギリスでは accidence という単語も使われる。「事故」の accident と似ているが、実際に同じ単語であった。各単語に起こる種々の変化（人称、数、時、法などによる）を accidents

と言っていたが、それが訛ってaccidenceになった。これは文法の入門部に当るので、「入門書」という意味にも使われる。今日ではmorphology（形態論・語形論）とも言うが同じことである。なお、etymologiaは今日の「語源」ではなく、変化形のもとになる語形（たとえば動詞の不定詞、名詞の主格単数など）から、その派生形を教えるという意味であった。

3. diasynthetica（構文論あるいは統語論。いわゆるsyntaxであり、この部門の重視が中世ラテン文典の大きな特色である）

4. prosodia（韻律論。これは文法書からは次第に切り離されてゆく）

以上の四項目が中世以来の文法書の基本構造であるが、これとブロカーの*Bref Grammar*とをくらべてみると、正語法(orthography)の部門がないことがわかる。これは当然のことで、彼は綴字改革者であったから、すでに文法書を出す八年も前に、綴字改革の本を二冊も出しているのである（*A Short Introduction or guiding to print, write...* 1580, 1581[2]と、*The Booke at-large*, 1580）。

また韻律論については、たった十六行（数え方では三十二行）を韻文で書いてあるだけである。彼は文法を書いた時に、ラテン文法書にはprosodia（韻律論）の部門があることを知っていたので、それに対応するものとしておざなりにつけたものであろう。彼の文法を考える時には省略してもよい。そこでブロカーの英文法を考える時は、品詞論（語格論、語形論 accidence）と統語論（syntax）が中心となる。

ブロカーが英文法書を書いた動機の一つと考えられるものは、当時のナショナリズムの一つの現われとして、「英語も規則性のある言葉（ruled language）である」ことを証明したいという欲求であった。当時はラテン語が「規則性のある言語」の手本だったのであるから、英語の文法がいかにラテン語の文法に近いかを示すのが当然の筋道と考えられたようである。それにはまことに便利な方法があった。それは欽定ラテン文法になっているリリーのラテン文典（一五六六年版）の英語の部分——これを Interpretamenta《インタプレタメンタ》という——を利用することである。それでブロカーの英文法書とリリーのインタプレタメンタは、全く文字通り同じ部分もある。従ってブロカーの本は形式・内容共に伝統的なラテン文法と大きく重なっている。

「形式的」に重なるという点で、八品詞を基本とした点では、その後の英文法の流れから見て正しかったと言えるが「内容的」となるとおかしな点も多い。たとえば、英語の gender《ジェンダー》（性）を六個認めている。たとえば形容詞や分詞は、それが修飾する名詞次第で男性・女性・中性のいずれにもなるので common gender《コモン・ジェンダー》（通性）の語とされている。しかし当時の英語の名詞自体が性の区別がなくなっているのだから、名詞に通性という概念を持ちこむことは全く無意味である。それはラテン語の名詞と形容詞の関係について言えることであるから、このあたりは、ブロカーがあまり考えないでインタプレタメンタを用いたと言えよう。また英語の名詞に五つの格（case）があるとしたのも、ラテン文法の盲目的借用によるものである。

　ラテン文法をそのまま手本にすると、更に滑稽なことも起る。たとえばラテン語には現在の不定詞のほかに完了の不定詞もある。「私は愛する（amo）」の現在の不定詞は amāre（愛すること）であり、完了の不定詞は amāvisse（愛したこと）である。ブロカーは amāre に当る英語の不定詞を to love としたのは正しかったが、amāvisse に当る英語の不定詞を to loved, to had loved という、現実には存在しない語形をあげた。これこそ初期の英文法書がいかに盲目的にラテン文法書の真似をしたかの典型的な例であろう。

　しかしブロカーのこうした文法書でも、後々まで恒久的な英文法の特色として残ったものもあるし、独創と言えるものもある。たとえば英語の分詞を vndeclyned《アンデクラインド》（不変化）としたような点である。また単にその時代のラテン文法書を用いただけでなく、定義などは中世の思弁文法（grammatica speculativa《グラマティカ・スペクラティヴァ》）に準拠していることは見逃されるべきではない。また統語論《シンタックス》が簡単なのは、その後約百五十年間ぐらいの英文法書の欠陥となっているが、これは当時のラテン文法書の欠陥でもあった（統語論が本格的に扱われたのは、中世の思弁文法であったが、これは一般の文典には入ってこないのが普通だったようである）。

第五章　初期英文典の背後の二大問題

前章では最初の英文典について述べたが、その背後には、文法体系の問題と、言語表記法（綴字）という英語の枠を超えた二大問題があった。それを少し見てみよう。

一　文法改革論

ここで近世初頭の文法論の最大の特徴とも言うべき品詞分類論の二大潮流に注目しなければならない。

われわれがいわゆる学校文法で習う品詞は八品詞――名詞、代名詞、動詞、形容詞、副詞、接続詞、前置詞、間投詞（冠詞を数えたり、分詞を入れたり助動詞を加えたりして数に多少の出入りがあるが基本的に同じ）――である。

この品詞に分類するやり方は印欧諸語（Indo-European languages）の分析法としては最も

自然であり、すぐれたものであるが、それは西欧ではプラトンが文の叙述を、主部と述部に分けたことから始まり、アリストテレスは更に一つ加え、という風に哲学的に考察されてきた。それが紀元前二世紀にアレキサンドリアあたりで、その数百年前に書かれたホメロスの文献を読む努力から八品詞論が生じた。Dionysius Thrax《デオニシウス・スラクス》の『文法書《テクネ・グラマテイケ》』が最初とされる。その後もストア派の哲学者が品詞に対する哲学的考察を加えたり、中世の意味様式論者《モーデスト》の議論が更に哲学的考察を深めたりしたが、広く用いられたラテン語の実用文典であるDonatus《ドナトウス》（四世紀頃）やPriscianus《プリスキアヌス》（六世紀頃）の本は、中世やルネサンス期を通じて使われ続けて近世に至っているのである。ラテン文法と言えば八品詞ということであり、初級用に用いられたドナトウスの本は、いつの間にか「ラテン語文法入門書」という意味を離れて、donet《ドネット》とかdonat《ドナット》という普通名詞になり、分野を問わず「入門書」という意味に用いられるようにすらなったくらいである。

「学問の改新者」ラムスの二分法

こうした伝統を根本から覆そうという、いわゆる「学問の改新者」が宗教改革期のフランスに現われた。Petrus Ramus《ペトルス・ラムス》（フランス式の名前はPierre de la Ramée《ピエール・ド・ラ・ラメー》, 1515-72）がその人である。彼は中世の学問をぶち壊そうという野心と情熱を持っていた。中世の学問といえば、まずアリストテレス＝トマス・アクィナス系のスコラ哲学である。パリ大学におけるラムスの修士試験の論題は、何と「アリストテレスによって述べられたことはすべて虚構である（Quaecumque ab Aristotele dicta essent, commenticia esse）」というものであった。試験官たちからは激しい批判的質問があったが、「あなたの用いている論法はアリストテレスに基づいています。私はそれが間違っているというわけです」と何時間も言い通して修士になったというつわもので、彼が後に書いたアリストテレス批判の書物の中味は、悪口雑言の詞華集の如きものであった。

ほんの数例を示せば「饒舌な（loquax）」「無節操な（inconstans）」「詐欺の（fallax）」「気違い（perversum ingenium）」「愚物（fatuus）」「混乱と曖昧をもっとも愛する（confusionis et tenebrarum amantissimus）」「驚くべきおしゃべり（admirabilis nugator）」「詭弁家の煽動者（sophistarum lanista）」「詭弁の首領（archisophista）」「欺瞞者（impostor）」「夢を見ていびきをかいているカメレオン（chamäleon somnians et stertens）」……というような悪罵が続く。正にラテン語ののしり表現集の観があるが、これが全部ではなく、ここに並べたものの倍以上になる。

このラムスが志したことは中世の学藝の伝統の抜本的改新であった。それが文法にどう関係するか、と言えば、「二分法《ダイコトミィ》（dichotomy）を徹底的に用いよ」ということになる。

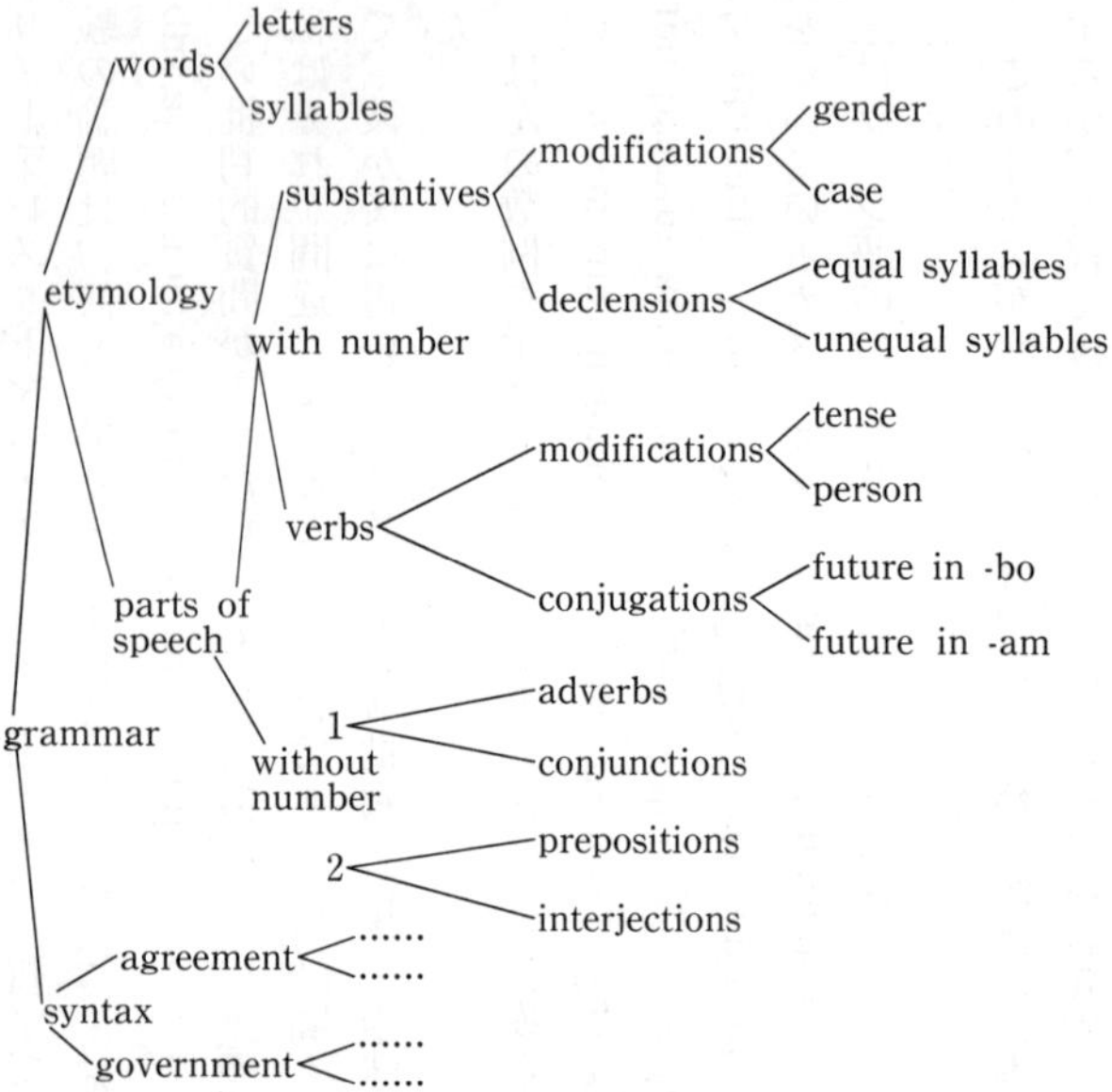

二分法というのは何でも二つにわけ続けてゆくことである。そのよい例は、かつてNHKのラジオの人気番組であった「二十の扉《とびら》」に出てくる。「……であるか、どうか」を二十回聞いて正解に至るというものであった。たとえば正解が「鉛筆」の場合はどうなるかと言うと、先ず、それは「生物ですか」と聞く。「否《ノウ》」と言われると、「それは自然界にあるか」と聞き、それが「否《ノウ》」であれば、「大量にできる工業生産品ですか」と聞き、だんだん問いつめてゆく。「固いか」更に「丸いか」とかどんどん聞いてゆくのである。

ラムスは二分法こそ学問的排列についての原理であると考える。より一般的な概念から、特殊に及んでゆく方法であり、厳密な演繹《えんえき》法を志したことがわかる。それでラムスをデカルトの先駆者であった、という人もいる。彼の理論に従って文法の体系を作るとすれば前頁の表のようになる（用語は英語に変えてある。ただ future in -bo, future in -am だけはラテン語の変化形の種類で英訳できない）。

実践的な中世のラテン文法の中には、二分法をすでに有効に用いた本（例えば Alexander de Villa-Dei, *Doctrinale*）もあったが、それは教える場合に便利であったからであり、ラムスのように「原理」にもとづくものでなかった。たとえば動詞を他動詞と自動詞に二分し、更に他動詞を普通の他動詞と再帰動詞（英語で言えば He killed himself. などに当るもの）に二分するなどであって、いわば教授者が常識的にやることであった。

しかしラムスの分類は宗教改革者がカトリック教会を攻撃するのと同じ情熱を以ってそれまでの教科や教育法を変えようという激しいものであった。彼のアリストテレスや伝統的学藝に対する攻撃がいかに激しく、保守的な学者の反感を買っても、彼を庇護してくれるローラーンの枢機卿のような高位聖職者や、コレージュ・ド・フランスの哲学の教授にしてくれたアンリ二世のような国王もいた。しかし彼が一五六一年にプロテスタントに改宗すると危険は身に及んできた。そして彼はあの悪名高き一五七二年の聖バートローメイの大虐殺の犠牲者の一人になったのであった。

しかし彼の学藝改新の議論はスコットランドの諸大学に及び、イングランドでもケンブリッジ大学を中心にその影響が見られる。そしてその後のイギリスの文法の歴史の中では、品詞分類に関しては長く、伝統的な八品詞の流れと、ラムス的二分法重視の品詞分類の流れと、二つの流れが見られるのである。この品詞分類の流れから見ると、英国の最初の英文法書であるブロカーの *Bref Grammar for English*（1586）は伝統的な八品詞分類の流れにあった。これに対して英文典の第二号の P.Gr のそれは（後述一〇九ページ以下）ラムス直系であった。

二　綴字改革論者スミス

ブロカーが英語に対して最初に関心を持つようになったのは、教える立場になった時に英語のスペリングが乱雑極まるものであったことを実感したからであった。そして綴字改革のための本を書き、そのあとで文法を書いたのであった。

英語における発音と綴字の乖離《かいり》は前に触れたように十五世紀から十六世紀にかけてイギリスで起った大母音推移（the Great Vowel Shift）のためである。大母音推移というのは、ごく簡単に説明すれば、主音節の長母音を発音する舌の位置が少しずつ上に上ることである。そして初めから舌の位置が一番高かったものは二重母音になる。これを簡略化して口腔図で示せば次のようになる。

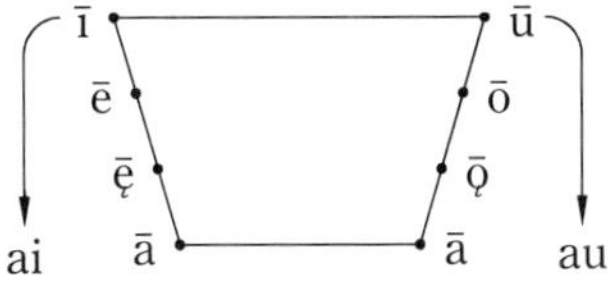

上の図で・のところがその音を発音した時の舌の一番高いところである。たとえばīは「イー」と言って前歯のすぐうしろに舌端をつけた時であり、ūは「ウー」と言って口の後の方で舌が高くなった点を示す。この舌の発音点が、十五世紀から十六世紀頃にかけて一段ずつ上に昇った現象を大母音推移という。

はじめからī（イー）とかū（ウー）でそれ以上舌の位置が高くなれないものは、二重母音化してī（イー）はａｉ（アイ）になり、ū（ウー）はａｕ（アウ）になった。たとえば十四世紀のチョーサーの頃はフース（hūs家）と言っていたのが、後にハウス（house）になり、リーフ（lif生命）と言っていたのがライフ（life）になるが如しである。またセー（see見る）と言っていたのはスィー（see）になるといった工合である。

発音と綴字の乖離

たまたまこの大母音推移が起った時期に印刷機が発明された。B・H・チェンバレンもその随筆『鼠はまだ生きている』（岩波新書、昭和十四年、一四ページ）で観察しているように、耳は寛容な感覚器官であるが、目は非寛容であり、一度目で見て覚えたスペリングを変えたがらないのである。発音は大きく変化してゆくのに、スペリングはなかなか変らない。それが英語における発音と綴字の乖離の原因であり、大ざっぱに言えば、発音と綴字がほぼ一致しているのが中世英語（Medieval English、この中には古英語 Old English と中英語 Middle English が含まれる）であり、それが乖離しているのが近世以降の英語ということになる。

従ってブロカーに見られる如く、近世初期の英文法を書いた人たちには英語の綴字問題が強く意識されていた。そして当然、綴字は不規則のままでよいという「保守派」と、綴字は発音を正確に表記すべきだという「進歩派」に分かれる。十六世紀の「保守派」の中には当時大いに人気があって少くとも五十版は出たとされる綴字教本（spelling-book）《スペリング・ブック》を書いたクート（Edmund Coote, fl.1597）の『英語の教師（*English School-Master*, 1597）』や、有力な教育者であり影響力の大きかった教育論の本『初等教育論《ザ・エレメンタリ》第一部（*The First Part of the Elementarie...*, 1582）』を書いたマルカスター（Richard Mulcaster, c.1530-1611）などがいた。そして十七世紀にはベーコン（Sir Francis Bacon, 1561-1626）が保守的な綴字を用い、十八世紀にはジョンソン博士（Samuel Johnson, 1709-84）の画期的な『英語辞典（*A Dictionary of the English Language...*, 1755）』も保守的な綴字であった。このようにして英語は保守的な綴字のまま、つまり不規則な綴字のまま、多少の変化があっただけで、基本的には今日まで続いてきているわけである。

二十世紀になってからも、劇作家のショー（George Bernard Shaw, 1856-1950）や桂冠詩人のブリッジズ（Robert Bridges, 1844-1930）の「純粋英語協会（The Society for Pure English）」やスキート（Walter W. Skeat, 1835-1912）の「簡略綴字委員会（Simplified Spelling Book）」などの努力があったけれども、何れも成功せず、イギリスの綴字は不規則のままである。確かにショーの言うように、英語の綴字はghotiと書いてfish《フィッシュ》（魚）と発音できるような不規則なものである（〔gh〕はenough〔inʌ́f〕の〔f〕《フ》音、〔o〕はwomen〔wímən〕の〔i〕《イ》音、〔ti〕はnation〔néiʃən〕の〔ʃ〕《シュ》音であり、これを続ければ確かにfish《フィッシュ》と読める）。

しかしこうした動きは実際に印刷される書籍、パンフレット、新聞、教科書などにはほとんど影響がなかった。新しい活字や表音補助記号を入れると四十にも近い文字になっては、読む方はやり切れない。つまり耳は音の変化に寛容だが、目は綴字の変更には非寛容なのである。アメリカでもウェブスター（Noah Webster, 1758-1843）の少しばかりの変化、いわゆるアメリカ綴り（英→米：honour→honor, centre→center, traveller→traveler, programme→program）などが定着しただけで基本的な変化はなく、アメリカ建国の祖の一人であるフランクリン（Benjamin Franklin, 1706-90）の唱えた徹底的な表音主義の綴字は実行されないで今日に至っている。

ギリシャ語研究と綴字問題

このようなわけで、現在の英文法書を論ずる場合は綴字問題を省略しうるのであるが、発生期の英文法書の書き手の多くは、ブロカーの例で見たように綴字問題から英語の文法の問題に入っているので、その起源についても簡単に見ておく必要がある。ある文法書が、表音主義(一字一音・一音一字主義)であるか、保守的・伝統的であるかは、初期の英文典の分類規準にもなるからである。

英語の「綴字改革(spelling reform)」という国字運動は十六世紀から十七世紀にかけて盛んになり、右にのべたように二十世紀まで続いているのであるが、その理論的な論争は、いかにもイギリスの文藝復興期《ルネサンス》にふさわしく、当時の新しい学問であるギリシャ語研究の学者の間から、ギリシャ語の発音に関して起ったのであった。その論争にかかわった主なる学者はすべてケンブリッジ大学と関係ある人たちだった。オランダ出身の偉大な人文学者エラスムスが教えたことのあるケンブリッジ大学は、イギリスにおけるギリシャ語研究の中心になっていたのである。

ルネサンスで古典ギリシャ語の研究が復活した時に用いられたギリシャ語の発音は、その頃にギリシャ語圏からイタリアにやってきたギリシャ人学者の発音、つまり近代ギリシャ語

(Modern Greek) の発音であった。しかしエラスムスは夙《つと》に古典ギリシャ語の発音はそれと違っていたに違いないという結論に達していたのである。たとえばそれまでのギリシャ語学者たちは ἡ も ἐ も ἰ もすべて区別せずに ἰ と発音していたのに、ケンブリッジでは学者たちが ἡ も ἐ も正しい発音にもどる必要があると主張したのである。

簡単に言えば三つのスペリングをそれまでは区別なく「イー」と発音していたのに反し、ケンブリッジの若い学者たちは「イー」と「エー」を区別して発音せよ、という主張をしたのであった。そして守旧派（近代的なギリシャ語の発音に従って三つの文字を区別せずに「イー」と読む人たち）は itist《イーテスト》 と呼ばれ、「イー」と「エー」を区別して読もうというエラスムス派（新ケンブリッジ派）の学者たちは etist《エーテスト》 と呼ばれるようになった。そして彼らのギリシャ語スペリングについての議論はそのまま英語の国字問題の根拠にもなるのである。

イーテスト、エーテスト、それぞれの主張

では守旧派イーテストの代表とも言うべきガーデナー（Stephen Gardiner, c.1483-1555）の主張を聞いてみよう。彼によれば言語は変化するものであるから、古いギリシャ語の発音が捨てられ、より良い、より洗練されたものになったのだ、というのである。ガーデナーはエーテストに問いかけている。「もとの発音の方が本当によいと思うならば、なぜ kiss《キス》 を kusse《クセ》 と言

わないのか」と。この頃はイーテストもエーテストもキスの語源はギリシャ語のkusai《クーセ》（*κύσαι*）に由来すると思っていたのである（英語のkissはゲルマン祖語※kussaz《クッサス》から出たと考えられ、古英語coss《コス》となったが、後に古英語の動詞cyssan《キッセン》から生じたkiss《キス》という語形に一本化された。ギリシャ語kusaiから出たわけではないが、印欧語として同根である）。

ガーデナーはヘンリー八世の離婚を擁護する議論を立てた人であり、ヘンリー八世の秘書だったりウィンチェスターの司教だったり、権力のある人でもあった。それで自分の出身校であるケンブリッジ大学の総長（chancellor《チャンセラー》）の時には、職権を以ってエーテストの議論を禁じた。

エーテストとして主張した中には、同じくケンブリッジ出身の学者チーク（Sir John Cheke, 1514-57）とスミス（Sir Thomas Smith, 1513-77）がいる。

先ずチークは同じギリシャ語と言っても古典語（classical language）としてのギリシャ語と、近代土着語（modern vernacular language）としてのギリシャ語は違うと指摘する。古典語は日常語ではなく、変化を受けない言語になっているから、それ自身の法則のみに従うべきである。古典語としてのギリシャ語の発音はその語格論《アクシデンス》や統語法《シンタックス》と同じく変えてはならぬものである。もちろん完全は期し難いけれども、古代ギリシャの最もすぐれた学者のように発音すべきである。こう主張して、古代は表音主義（一字一音・一音一字主義）であり、「発音が変れば綴字も変ったのだ（Nam pro mutatione sonorum, mutabantur literae)」と指摘する。つまり古代ギリシャ語では綴字と発音の乖離《かいり》などなかったので、そこが近代ギリシャ語と違うところだと言っているわけである。この主張は議論自体としては正しいと言うべきであろう。

チークはケンブリッジ大学におけるギリシャ語の初代の欽定教授（the regius professor《リージアス・プロフエサー》）であり、皇太子（後のエドワード六世）の古典語の個人教師でもあった人で、英語の綴字問題自体に関する改革案はないが、新約聖書の一部を英訳したものが残っているので、英語の綴字に対する彼の考えを推察できる。最も目につくのは長母音を示す時に、同じ母音を重ねることで、たとえば「二つ」の two は twoo になっている。また「神」は god だが「神の」は goddes あるいは godds と d を重ねている。所有格になった時に god の o《オー》の音価に差を認めたのであろう。いずれにせよ、表音的志向はあるものの、その綴字は過激な表音主義の方針を示してもいないし、首尾一貫もしていない。

スミスの古典語発音論

もう一人のケンブリッジのエーテストのスミスは、ケンブリッジを卒業後、フランス（パリとオールレイアーン）やイタリア（パーデュア）に学び、パーデュアで博士号を取得してきたいわばバリバリの新帰朝者で、総長のガーデナーと論争したりしている。

この時に——一五四二年八月十二日——ガーデナーに書いたギリシャ語の発音に関する手紙

を第一部とし、英語のスペリングについての論考を第二部として、二十六年後の一五六八年にパリで二冊の本を出した。この第二部こそ、英語のスペリングに関するイギリス最初の本格的な議論であり、最初の英文法書を書いたブロカーもその後の多くの文法家もその影響下にあった（私の所蔵本では第二部が最初に、第一部が後になるように合本として製本・装丁されているが、これは後の所有者がそうしたのであろう）。

スミスの議論はいろんな意味で今日にも関係があるので、主要ポイントを要約してみよう。先ず「ギリシャ語の正しい、改正された発音についての……書簡（*De recta et emendata Lingua Græca Pronuntiatione... Epistola*）」においては、先ずラテン語の正しい発音のしかたから考える。ガーデナー司教のように習慣に従えばよいと言うならば、イタリア、ドイツ、フランス、イギリスなど「場所」が違うと同じ発音にならない。キケロの時代のラテン語は後に蛮族の侵入によって変ったが、ルネサンスによって語彙については復古した。発音についても同じくキケロの時代にもどるべきである。というのは言葉というものは「書かれた単語としてでなく、発音された音である（non in vocabulo dum scribitur, sed in sono dum profertur consistit）」からである。

この考え方は日本では普通になっていると思われる。ここでCiceroを「キケロ」と表記したが、私が習ったドイツの大学のラテン語の先生は「ツッツェロ」と言っていたし、イギリスの大学では「シセロウ」だった。Cicero の時代のラテン語の発音ではおそらく「キケロ」に近かったのであろう。だからイギリスの学校にはスミスの古典ラテン語発音論は浸透しなかったらしいということになる。

次いで本論であるギリシャ語の発音について、古代のギリシャ語の表記は発音を示していたに違いないから、古典ラテン語の発音はエーテストの主張が正しいとするのである。この議論は、今日の古英語や中英語のテキストを読む時にも採用されている。十四世紀のチョーサーの『カンタベリ物語』なども、十七世紀や十八世紀には詩としてなっていないという評価だった。それは十四世紀の英語を十七世紀や十八世紀の英語の発音で読んだからである。チョーサーの詩が詩として美しく感じられるように読めるようになったのは主としてテン・ブリンク（Bernhard Ten Brink, 1841-92）の『チョーサーの言語と作詩法（*Chaucers Sprache und Verskunst*, Leipzig, 1884）』が出てからである。英文学の研究がギリシャ・ラテンの古典研究におくれること、かくの如きものがあった。

一字一音・一音一字主義

古典語の研究に明確な理論を持っていたスミスの目から見ると、十六世紀の英語の綴字《スペリング》の状況は「これ以上の不安定や愚かさがありえぬほど、醜悪で、愚かしく、不確かで統一を欠いている（tam foedam, tam ineptum, tam incertum, & male sibi cohærentem, ut nihil possit esse magis inconstans & stupidum）」と見えたのである。ではこの嘆かわしい状態をいかに是正すべきか。ここでスミスが打ち出した原理は、一字一音・一音一字主義であった。発音されるように表記すること、つまり綴字と発音との乖離をなくすることであった。もっと解り易く言えば、綴字を発音記号と同じにすることであった。

「話された言語」が第一次的な言語で、「書かれた言語」は二次的だと言うのは言語学の公理みたいなものである。これを明快に論じたことが、スミスの後世への影響も大きかった理由である。

しかし現実の問題となるとどうか。英語にはラテン語にない音があるのに、それをラテン語のアルファベットだけで表記することは不可能である、ということにスミスは気付いた。それで彼は新しいアルファベット三十六文字を作った。長母音と短母音を別々に数えなければ二十九文字となる。スミスはラテン語のアルファベットを基本にして、足りないところをギリシャ文字や古英語独特の文字やその他の記号で補った。われわれの目から見れば、アルファベットと言うよりも発音記号の凡例みたいな印象を受ける。戦後の日本の英語教育に大きな影響力のあったアメリカの英語学者フリーズ（C. C. Fries, 1887 - 1967）が分節音素（segmental phonemes）として認めているのが二重母音を除くと三十五であるから、スミスの音声観察は当時として驚くほど精密であったと言えよう。ブロカーはじめ十六世紀から十七世紀にかけての英文法書の多くはこの影響を受けて、それぞれが工夫したアルファベット——というよりは音標文字——を使って書いているので、印刷も不可能に近く（現在は写真コピーができるが）、したがってほとんど普及しなかったのである。

マルカスター的綴字

もちろんこうした表音主義の綴字に反対して、なるべく使われて来た綴字はそのまま残して整理しようという人たちもいた。そういう論者の代表がマルカスター（九八ページ）であり、それは彼の『初等教育論《ゼ・エレメンタリ》第一部（*The First Part of the Elementarie, which entreateth chefelie of the right Writing of our English Tung*. London, 1582)』である（第二部は書かれた形跡がない）。そのサンプルとしてその本の表題をここに引用したのであるが、Elementarie → Elementary, entreateth → entreats, chefelie → chiefly, Tung → Tongue と変えれば現代英語と同じであり、その規則も煩《わずら》わしくない。特に勉強しなくても今日の常識で読める。それよりも先ず特別な活字を作らなくても済むのである。おそらくこの理由で当時の普通の本はマルカスター的な綴字で印刷されているので、普及度から言えば始めから勝負がついていて、表音主義で印刷された一般書はないと言ってよい。当時の印刷物の多くがラテン語だったことを考えれば、そこに使われていない新造文字や記号を用いた英語の本が普及するわけはなかった。

更にフランシス・ベーコンのような巨大な影響力を持った著述家が、言語表記の恒久性を重視すべきであるという議論をもっていたことは、非表音主義、つまり伝統的な綴字に理論的な基礎を与えた形になった。ベーコンは言語が変化することのない象形文字、特に漢字のような不変の表記法が哲学に望ましいとさえ思っていた。この思想がその後の普遍語《ユニバーサル・ランゲッジ》運動に連なり、後世に化学記号（水はH_2Oとして発音に関係なく安定）としてその理想の一部は達成せられたことになるが、それにはここで立ち入らない。

いずれにせよ、スミスによって理論的に詳論され、ブロカーによって英文法書に適用された表音主義スペリングは、当時の発音を推定するのに貴重な資料を提供はしたが、英語の綴字にはあまり関係ないことになってしまった。

第六章　英文典の第二号はラムス派

ブロカーの *Bref Grammar for English*（一五八六）が最初の英文法書でありその八年後第二番目に現われたのが、P.Gr. という略号を使った著者による *Grammatica Anglicana*（『英文法』一五九四）である。

著者 P.Gr. は今日ではケンブリッジ大学で M.A.を取った Paul Greaves (Graves) であったと考証されている。ブロカーと P.Gr. は英文法書の最初の本と二番目の本の著者であるのみならず、根本的に異なる英文法書の二つの系統の源流として、まことに興味深い対比をなしている。

先ず用いられている言葉が違う。ブロカーの本は英語で書かれていたが、P.Gr. のものはラテン語で書かれている。英文法書がラテン語で書かれていることは、今日では異様に思われるかも知れないが、この後もほぼ百年後の一六八五年に出たクーパー（Christopher Cooper, ?-1698）の大著『英語文法（*Grammatica Linguae Anglicanae*）』までは、ラテン語で書かれた重要な英文法書が何点も出されているのである。これは当時の読書階級にとってラテン語を読めるのが普通であった、ということの他に、イギリスから見た外国人に英文法を教えるという目的があった。十七世紀末のヨーロッパではまだラテン語が国際語であったのである。

第二は綴字に対する関心の持ち方である。ブロカーはそもそも国語――彼の場合は英語――に対する関心の出発点が、乱雑な綴字に対する憂国の念と言ったようなものであったから、綴字も独自の工夫をした表音主義のものを用いた。これに対してP.Gr.は特に綴字には関心がなかったらしく、当時一般に用いられていたものを用い、新しいスペリングを工夫しようという気がなかった。

第三の特徴は、ブロカーの英文法は伝統的なラテン文法に準拠したもので、八品詞を説くことを基礎にしているが、P.Gr.の本はラムス（九二ページ参照）の主張を英文法において実践して見せたものであって、叙述内容が新鮮である。著者P.Gr.は自分の本が「ラムスの独特な方法によっている（...ad unicam P.Rami methodum concinnata）」ことを副題で述べているように、ラムス学派の人である。

当時のイギリスの学問状況一般から言うと、オックスフォード大学はアリストテレス学派の牙城としてラムスを斥けたが、ケンブリッジ大学やスコットランドの大学ではラムス説を受け入れた。ラムス説は当時のピューリタン的なプロテスタント運動と直接に結びついていたのである。この傾向は十七世紀後半になっても顕著であり、ラムスの論理学の本もケンブリッジで出版されているし、かの『失楽園《パラダイス・ロスト》』などを書いた大詩人ジョン・ミルトンがラムスの方法による『論理学綱要（*A fuller institution of the Art of Logic, arranged after the method of Peter Ramus*, 1672）』を出しているが、ミルトンはケンブリッジ大学出身のピューリタンである。

P.Gr. の詳しい伝記は不明であるが、当時のケンブリッジ派プロテスタントでラムスに傾倒していたことは確かで、ラムスのラテン文法書の体系を用いてケンブリッジの出版者 John《ジョン》 Legatt《レガット》 から英文法書を出したのであった。ちなみにラムスの『ラテン文法初歩（*Rudimenta Grammatica Latinae*）』の簡約版が、P.Gr. の英文法書の出た翌年（一五九五）に出版されている。

徹底した二分法による分類

ではラムスの方法論の特徴は何か、と言えば前にのべたように徹底した二分法（dichotomy）である。そしてラムスは品詞を「数」という概念を原理として分類したので、P.Gr. もそれによっている。またP.Gr. は英語の音韻をも二分法によって分類した。解り易く図示してみよう。

- vox
  - vox numeri
    - nomen
      - substantiva — chap.3
      - adjectiva — chap.4
    - pronomen
      - primitiva
        - demonstrativa (I, thou, etc.)
        - relativa (who, which, etc.)
      - derivativa = possesive (my, mine, etc.)
      - } chap.5
    - verbum — chap.6
  - vox sine numero
    - adverbium (praepositio et interiectio) — chap.7
    - coniunctio — chap.8

この場合のvoxは「品詞」と訳してよいであろう。一見、整然としているようであり、この二分法の基点が「数」になっており、有数詞（vox numeri = word with number）と無数詞（vox sine numero = word without number）に大別されるところから始まる。有数詞とは単数と複数の区別のある品詞で、つまりは名詞（代名詞を含む）と動詞だけの話になる。確かに単数・複数の区別は形に現われたものであるからそれによると分類形式は整う。しかしそれ以外の品詞にはあてはめようのない規準である。このことはラムスのラテン文法でも弱点であったが、ラムスの影響を受けた英文法にも共通であり、P.Gr.に始まり、後のButler（一四八ページ参照）やGill（一四一ページ参照）に及ぶ英文法書にも見られる欠陥である。またラムスのラテン文法が「法（mood）」の概念をラテン文法から追放したため、これは従って英文法書を書いたP.Gr. もif he be..., if he were..., などの現象を、「法」の概念抜きで説明しなければならないという苦しいことになった。

P.Gr. の貢献

しかしラムスの論理学・文法学には鋭い切れ味があって、P.Gr. の小著にも後世まで残るような英文法への貢献もあった。たとえばP.Gr. は冠詞を形容詞と考えた最初の英文法家である。ラテン語文法には冠詞がないのだから自分の頭で判断したのである。またsubstantiva（現在の文法における名詞）とadjectiva（形容詞）を、「数」があるかないかで区別したのは卓見である。ラテン語ではその区別は立てようがなかったのであるから、これもP.Gr. の独創である。しかも極めて重要なポイントである。

ゲルマン語では、たとえばドイツ語に見るように、形容詞は「数」によって変化する。英語でも古い英語では形容詞の語尾は「数」によって変っていた。つまり比較級の変化以外、英語の形容詞に変化がなくなったのは近代英語の大きな特徴であったのである。それを二分法のおかげでP.Gr. は形容詞を一つの品詞として独立させるきっかけを作ったのである。ラテン文法では形容詞は独立した品詞とは認められず、nomen（名詞）の一種と考えられていた。それでP.Gr.より後の英文法家にも形容詞を独立の品詞として数えない人たちが何人もいたのである。

もう一つ英文法史の上から重要なことは、分詞を独立した品詞と認めず、不定詞のように動詞の派生形として扱ったことである。ラテン文法書の伝統では、分詞は品詞として扱うのが通例でもあったが、P.Gr.はそれに従わなかった。これは正しい選択というべきであるが、これも二分法による効果と考えることができよう。

ついでにP.Gr.の行った英語の音韻の二分法による分類を示してみよう。

- vocales: a, e, i, o, u
- consonae
  - semivocales: l, m, n, r, s, x, z
  - mutae: b, c, d, f, g, k, p, q, t

母音（vocales）については日本語とも同じであるが、子音（consonae）を二分したのは、長く発音し続ける音は母音に似ているのでsemivocales（半母音）とし、瞬間的なものはmutae（黙音とでも訳すべきか）とした。少くとも有声音（voiced sounds）のb, d, gと、それに対応する無声音（voiceless sounds）p, t, k の二分ぐらいはしてもらいたいところであるが、まだ声帯（vocal cords or bands）が発見されていなかったのだから仕方がない。ちなみに声帯が発見されたのはフランスの植物学者・化学者のドダー（Denis Dodart, 1634-1707）がアカデミーで発表したものが最初で、その言語に対する重要性が解明されたのはフランスの外科教授フェレイン（Antoine Ferrein, 1693-1769）がアカデミーの紀要に一七四一年にその論文を出した以降のことである。それで声帯は当時 Chordae Ferreini と呼ばれていた。P.Gr. 以後の英文法家たちも英語の音韻を扱っているが、声帯発見以前のものは苦労や洞察は見えても基本的に物足りない。

英語が尊い理由

第四の特徴としては実用性への関心が高いことである。ラムスのラテン文法改革のモットーには、「より易しく、より早く学べること」というのがあった。そのためにラムスは排列を二分法を主として簡潔明断にし、今までの文法書の半分の量で一層解り易くなったと呼号したのであった（実際にはそれほどの効果はなかったと見えてあまり普及しなかった）。P.Gr. はこのラムスの方針に忠実であり、自分の英文法書は「明快（perspicue）である」と主張した。確かにたった十五ページの中に英文法の体系をまとめており、後世の学者も、内容的にはブロカーのものより豊かであると言っているベルン大学のフンケ教授（Otto Funke, 1885-1973）や、"very good"と称賛しているオックスフォード大学のドブソン教授（Eric J. Dobson, 1913-84 七三ページ参照）のような人もいる。

第五の特徴としては、ブロカーに見られたように――彼に限らず初期の英文法一般に見られる傾向であるが、国語――つまり英語――に対する誇りである。

しかしP.Gr. の国語に対する誇りの理由が、ブロカーのそれと全く違うことに注目する必要があるであろう。ブロカーは英語に単綴語（monosyllabic word）が多いことを誇りにしていた。これは十六世紀末から十七世紀にかけて強力に擡頭してきたGermanophilia（熱狂的ゲルマン語愛）の到来を予想させるものであるが、後の文法家（例えばGillやButlerなど）のように烈しくはない。一〇六六年のノルマン征服以来、十六世紀までは英国においては多綴語のラテン語やフランス語やギリシャ語が優れた言語と見なされ、単綴語の英語は蔑視される風潮があったのだが、それに対してブロカーは「そんなことはない」と主張しているにとどまっている。

一方P.Gr. は国語愛を表明し、教育においては外国語（ラテン語を含む）よりも国語を優先させるべきだと主張している点ではブロカーと共通であり、P.Gr. の場合は彼の前のラムスや彼の後のコメニウスと同じ考え方である。

しかし面白いのは彼が英語を尊重する理由である。彼は中世のロマンス物語などの知識によるものか、ブリテン島の住人の先祖は、トロイ戦争の英雄Brut《ブルート》であったから、イギリスが他の国々から尊敬されているのだと考え、そのように尊敬されている国の言葉だから、英語は尊いというのである。

古英語（Old English）が低地西ゲルマン語の一方言であったことが一点の疑いもなく立証されている今日ではBrutの話は取るに足らない伝説として片付けうる。しかしP.Gr.が生き、その英文法書を書いた時代はエリザベス一世の時代、つまりテューダー王朝だったのだ。ヘンリー七世に始まりエリザベス一世に終るこの王朝はウェールズ人の王朝である。ウェールズ人が全イングランドの王としての権威を確立するために、その先祖はウェールズの半ば伝説的英雄アーサー王の子孫であり、アーサー王はブルートの子孫であるという神話的伝承を徹底的に利用したのである（この経緯について詳しくは拙著『イギリス国学史』研究社・一九九〇・三二一—四一ページ参照）。これと関連して注目すべきことは、P.Gr.はその文法書の末尾に「洗練されて雅致あるチョーサーの語彙集（Vocabula Chauceriana）」を附けていることである。その多くはフランス語系のものであることはP.Gr.の英国史観と結びついていることを示すものである。

このような早い時代に、しかも最も初期の英文法書の二つが、英語、あるいは英国の起源について、今なお対立する英国史観の二つの基本的な流れを代表していることに興味を持たざるをえない。つまり英国史を見る時に、ゲルマン的起源を重視するか、ラテン的起源を重視するか、である。

二つの起源——ゲルマンとラテン

英国史家でもゲルマン起源を重視する学者は先ずタキトゥスの『ゲルマニア』から始め、ラテン・フランス系を重視する学者はユリウス・カエサルの『ガリア戦記』から始める、とオックスフォードでは言われていた。十九世紀の学者は圧倒的にゲルマン的な流れを重視し、「イギリスの議会制度の卵はゲルマンの森の中で産み落された」という学者もいたくらいである。十八世紀の早い時期から、イギリスの王朝はドイツから来たハノーヴァ家であり、王妃はずっとドイツから来ていたから、十九世紀のイギリスの歴史家たちが、ゲルマンの流れを重視したのは当然のことであった。

この主潮にはじめて反対の小石を投じたのは、「ブラウン神父」の物語で日本にも知られる評論家チェスタトン（G.K. Chesterton, 1874-1936）の『英国小史（*A Short History of England*, 1917）だとされる。しかし第一次大戦で英独が戦い、ハノーヴァ家が自らの名をウィンザー家と改称するようになり、更に第二次大戦の後は、ゲルマン的なものをなるべく軽視、あるいは無視しようという風潮が学界においても強いように見受けられる。しかしここに出てくる英語愛の理由としては、ブロカーに軍配を上げざるをえない。

このように英文法の最初の二冊の本が、「英語は語彙的には豊かになり、フランス語やイタリア語に劣らないが、文法のない点で劣っている」という、国語意識発展の第三段階にある点では共通の立場にありながら、多くの重要な点で対立し、それが後になるまで残った。ブロカー系のものはイギリス国教会系の教育機関で多く用いられ、ラムス、P.Gr. 系のものは、ピューリタン系の人達に影響を与えたのである。ここで早めに後のことを言っておけば、十八世紀の半ばから、後半にかけて、国教会系の文法が主流となり、十八世紀の終り頃には、クエーカー教徒にその伝統が引き継がれ改良されて、いわゆるわれわれが「伝統文法」というものが出来上ったのであった。

第七章　十七世紀の稔らざる努力

一　はじめに

十七世紀には英文法に関する本が多く出ており、十六世紀にはブロカーとP.Gr.の二冊しかなかったことにくらべれば情況は一変していると言ってよいであろう。その文法書には、たいてい英語の発音に関する部分がある。そもそもイギリス人の母国語に対する関心はブロカーで見たように綴字問題が一つの起点になっていた。そして綴字改革を論ずる人は、spelling reformer《スペリング・リフォーマー》とかorthoepist《オーソエピスト》（正音学者）と呼ばれてきている。しかも十七世紀は自然科学の勃興期でもあり、それは人間の音声観察にも及び、phonetician《フォネテシャン》（音声学者）と呼ぶにふさわしい人も出ている。そして綴字問題や音声学的観察には、ベーコン（Sir Francis Bacon, 1561-1626）やニュートン（Sir Isaac Newton, 1642-1727）のような大学者も、文法家に混って登場してきた。その観察の積み上げは大したものであったが、声帯発見（一一五ページ参照）以前のことなので後世は軽視され勝ちだった。しかし口腔内における舌の位置などの観察は驚くほど精致なものもあったし、またその知識が聾唖教育へ応用され出したことなど注目すべき事項もあるが、英文法そのものとの関係とは離れて発達して行ったので、本書では立ち入らないことにする。またイギリス以外においても英文法書は作られているが、英国で出版されたものにくらべて特記すべき点も少なく、中には剽窃と言ってもよいものがある。またアメリカではイギリスで出版されたものを輸入して用いたり、簡単なスペリング教本がニューイングランドで出版されたりしていた。中ではデイ（Stephen Day, c.1594-1668）によって印刷されたものなどが有名であるが、英文法史の上では特に論ずべきところもないのでここでは取扱わない。十七世紀に出た主なる英文法書の系統と、著者の輪郭を示してみよう。

二　ラテン文法系

1　ウォリス

第一には伝統的ラテン文法書であるDonatusやPriscianusの系統に連なるものとして、

ウォリス（John Wallis, 1616-1703）の『英語文法（*Grammatica Linguae Anglicanae*, 1653)』をあげることができる。

ウォリスはケンブリッジ大学の修士号を持つ牧師の家に生れ、ゲーテのファウストではなけれども、各種の語学、論理学、哲学、物理学、医学、解剖学、天文学、地理学、数学、神学などを修め、そのいずれの分野においても当時の最高水準に達し、彼と文通のあったドイツのライプニッツ（Gottfried W. Leibnitz, 1646-1716）の如く、万能の天才（polymath, or polyhistor）と称せられた。暗号文書の解読でもその名はヨーロッパ大陸に響いた（暗号解読能力がしばしば語学の天才に見られることは、ミュンスター大学における私の指導教授カール・シュナイダー先生にも見られたところで、先生の「古英語ルーン文字詩の解読」などは、学者の労作を超えた天才を感じさせるものである）。

ウォリスがいかに秀れた学者であったかは、イギリスが誇る「ロイヤル・ソサイエティ（the Royal Society of London for Improving Natural Knowledge　一六六〇年創立）の中心人物であったことからも知られる。彼はオックスフォード大学の幾何学教授になった四年後に本書を出版し、翌年にはオックスフォードから神学博士を授けられている。彼は元来、ケンブリッジ出身で思想はピューリタンに傾き、クロムウェル（Oliver Cromwell, 1599-1658、ピューリタン革命を成功させ護国卿 Lord Protector of the Commonwealth となる）の受けもよかった。その後、チャールズ二世の王政回復（the Restoration《レストレーション》, 1660）があって多くの人々が失脚したが、ウォリスはクロムウェル時代の地位を失わずにすんだ。これは彼が極端に走らない折衷的な、また寛容・謙虚な人柄だったことによるところが大きいであろう。彼の同時代で彼の伝記を書いたウッド（Anthony Wood, 1632-95）は彼を長老派（Presbyterian）だったと言っているが、彼の文法書を見ると、ケンブリッジ・プロテスタントの特徴であったラムスの影響はほとんどなく、伝統的なラテン文法の品詞分類を当然として使っている。

ラテン文法から独立したか

ウォリスが学説史上で重要なのは、音声生理学的な見方を導入した成果であり、この部分が彼の『英語文法』の特色をなしている。これがいかにすぐれた観察に基づいたものであるかは、イギリスの聾唖教育において画期的な成果をあげたことによってもわかる。ただそれは英文法そのものと関係がないのでここでは立ち入らない。

ウォリスの『英語文法』の特色の第一は、P. Gr. のようにラテン語で書いていることである。これは彼が力を注いだ一般音声論と英語音声論を大陸の学者にも読んでもらうことを念頭に置いたからだと思われる。

また後世の学者たちは、ウォリスの『英語文法』がラテン文法の規範から独立することを宣言した画期的な英文法書だと称賛するのを常としている。確かに彼は形態上の変化の少ない英語を、形態上の変化の豊かなラテン文法の範に従わせることはProcrustes《プロクルステース》の寝台物語のようなものだという。この古代ギリシャの神話上の強盗は、捕えた人間を鉄の寝台にねかせて、その人が寝台より長ければ余った部分を切り、短かければ引き延して寝台と同じ長さにしたと言うが、ウォリスの目には、ラテン文法こそプロクルステースの寝台であって、その規範に従って切り捨てられたり、余計な付加をされた英語こそ災難だったと映ったのである。それは前にブロカーで見たような五つの格(case)、六つの性(gender)などを考えれば当然である。ウォリスは英語のみならず、近代諸語の文典はみなその誤りを犯しているという。英語の分析語的な性格(例えばI should have loved……四語で表現)と、ラテン語の総合語的性格(例えば右の英語はamaverim, amaveroと一語で表現)を明確に認識した点で画期的である。

ではウォリスはいかなる英文法を構想していたのか、と言えばそれはやらなかった。彼は新しい英文法の体系を考え出す努力をするどころか、伝統的なラテン文法の枠組みにすっかりおんぶして、英語から見て注目すべき点だけについて、自由連想的にコメントをつけている。つまり英文法を構想するという点では最も怠惰な英文法家だったとも言えよう。そもそも品詞の分類の定義もせずに、ラテン文法の用語をそのまま使っているのである。

またウォリスは語尾変化の欠如を、概念の欠如と錯覚していた。たとえばラテン語には

amen (I may love)、amarem (I might love) など叙想法 (subjunctive mood) を示す語尾があって、それは amo(I love) などの叙実法 (predicative mood) と語尾体系が違う。一方英語にはこれに対応するような動詞の語尾体系がなく、助動詞を用いて示さなければならない。それでウォリスは英語には法 (mood) は欠如していると考えたのである。同じようにウォリスは英語に二つの時制 (tense) しか認めない。例えば burn (燃える) については、burn, burned の二つしか「時制」として認めない。つまり複合時制 (has burned, had burned, will burn, will have burned) など分析的 (analytic) 表現は時制として認めない。つまりラテン語のような語尾変化による総合的 (synthetic) な時制表現が英語にないことを、時制そのものの欠如と考えた。

いかにも浅薄な考察であって、これをラテン文法から最初に独立した英文法というのは、それがフンケ (O.Funke) やポルダウフ (I. Poldauf) やジョウンズ (R.F. Jones) の言葉でも過褒であろう。また統語論 (syntax) の部門を全く欠いているのも中世ラテン文法からみても退歩というべきである。

語源についての関心

ウォリスの『英語文法』で注目されるのは etymologia という単語の用法である。ラテン文法書でも、英文法書でも、十九世紀初頭まではetymologia(= etymology)は、今日の英文法書で言うaccidence（語格論、品詞各論）の意味で用いられていた。しかしウォリスはこれを今日の「語源論」の意味で用いているのである。このetymologyを語源の意味で用い出したのは、宗教改革者ルターのギリシャ語の先生であり、彼と肩を並べるドイツの宗教改革運動の指導者であった古典学者メランヒトン（Philipp Melanchthon、本名Schwarzerd, 1497-1560）であった。博学なウォリスはドイツの文献にも通じており、その用法を取り入れたのではあるまいか。

この語源についてウォリスは深い関心を持っていた。それは彼のゲルマン語に対する関心や誇りと関係がある。ピューリタンに限らず、プロテスタントは土着語の価値を重んじ、ラテン語やギリシャ語やヘブライ語との「同権」を信じてバイブルの翻訳をやった人たちである。ローマ・カトリック教徒はどうしても古典語尊重に傾きやすかった。この傾向は近代まで続き、グリム兄弟などに見るように、比較言語学を開拓・発展させた学者は、圧倒的にプロテスタントが多かったのである。ウォリスが英語のチュートン起源説を述べ（P.Gr.と全く違う点）、単音節語が多く、従って合成語を作り易いことを特長としてあげ、英語を「古代チュートン語の後裔（antiquae Teutonicae propago）」と呼んだ時、それは彼がGermanophile《ジャーマノファイル》（熱狂的ゲルマン語愛好者）の系統にあることを示したのである。それでウォリスは一〇六六年のノルマン征服によってフランス人の王朝がイングランドに出来た結果として、大量のフランス語が英語に入ってきたため、英語は滅されないまでもその純粋性を失ったと嘆く。そして牛（ox《オックス》）、仔牛（calf《カーフ》）、羊（sheep《シープ》）、豚（hog《ホッグ》）、雄豚（boar《ボア》）、鹿（deer《デア》）が、食卓に上るとフランス語に置き換えられて、それぞれ beef《ビーフ》（牛肉）、veal《ヴィール》（仔牛肉）、mutton《マトン》（羊肉）、pork《ポーク》（豚肉）、brawn《ブローン》（雄豚肉）、venison《ヴェニスン》（鹿肉）になったことを示している。これは今の英語史から見れば幼稚であるにせよ、パイオニア的な仕事であった。もっともウォリスは名前が示すようにウェールズ系、あるいはケルト系であるためか、ウェールズ語、つまりブリテン島におけるケルト語にも相当の紙面を与えているところは面白い。

2　クーパー

ラテン語で書かれた英文法書の系列の中で最後のものであると同時に、十七世紀の英文法書としては最高のものと考えられるのはクーパー（Christopher Cooper, ?-1698）の『英語文法（*Grammatica Linguae Anglicanae*, 1685）』である。彼は自分が影響を受けたウォリス（前述）やウィルキンズ主教（John Wilkins, 1614-72）と違ってロイヤル・ソサイエティにも属せず、社会的地位もあまり高くなかったと見えて『大英人名辞典（DNB）』にも出ていないが、ハーフォード州出身でケンブリッジ大学で B.A. と M.A. を取得したことが知られている。彼が英文法書をラテン語で書いたことは、当時のイギリスの学界の状況を象徴しているようにも思われる。

学問的な書物がラテン語で書かれるということはローマ帝国以来のヨーロッパでは当然のことであり、英文法でも前述のウォリスやP.Gr.（一五九四年、一〇九ページ参照）やGill（一六一九年、一四一ページ参照）のもラテン語で書かれていた。しかしクーパーの頃からそれが変ってきたのである。たとえばクーパーの英文法書が出た二年後にニュートンの主著『自然哲学の数学的原理（*Philosophiae Naturalis Principia Mathematica*, 1687）』が出たがこれはラテン語で書かれている。しかしニュートンのこの本の三年後に出たロックの『人間悟性論（*An Essay Concerning Human Understanding*, 1690）』は英語で書かれているのである。そしてクーパーの『英語文法』がラテン語で書かれた最後の英文法書と言ってよい。

クーパーの本は巻頭に参考文献を沢山あげている。古代の参考書としてはユリウス・カエサル、ウァロ（M.T. Varro, 116-27 B.C.）、プリスキアヌスなど、近世ではエラスムスやスカリジェ父子（J. C. Scaliger, 1484-1558, J.J. Scaliger, 1540-1609）など多くの名前をあげているが、ラムスの名前をあげていないのが目をひく。つまり彼はラムス学徒ではなく、古代から中世へと流れてきた文献学《フィロロギー》の伝統の上に立って言語を考えようとしていることがこれからだけでもわかる。また英国人の書いた文献で参考にしたものは、トマス・スミス（一〇三ページ参照）、ハート、ブロカー（七〇ページ参照）、ギル（一四一ページ参照）、バトラー（一四八ページ参照）、ジョンソン（一五五ページ参照）、ウォリス（一二二ページ参照）など、先行の英語の関係書をほとんどあげている。この中には、ラムス系の著作も多いが、それは英語の発音や文法に関する著作だから参考にしただけであって、クーパーの文法書の組織にはほとんど影響がない。

クーパーが「最も明敏な（acutissimus）」著者として尊敬するのはウォリスであり、英語に文法を与えようと努めた唯一の人とまで言っている（既にのべたようにこれは明かに過褒）。ウォリスを尊敬するだけあって、彼の英語の音韻に関する観察は甚だすぐれており、少くとも二人のオックスフォードの英語学教授――ワイルド（H.C. Wyld, 1870-1945）とドブソン（七三ページ参照）――から高く評価されているが、本書では音韻論には立ち入らない。

ウィルキンズの影響

クーパーが最も大きい影響を受けたのはウィルキンズ（John Wilkins, 1614-1672）の『表意文字と学問言語に関する考察 *An Essay towards a Real Character and a Philosophical Language*, 1668)』という大著からであった。

ウィルキンズはその当時の教会や学会の大物である。オックスフォード出身で、そこのウォダム・カレッジの学寮長《ウォーデン》やケンブリッジのトリニティ・カレッジの学寮長《マスター》にもなったが、チャールズ二世の王政回復《レストレーション》（一六六〇年）で一時不遇になる。しかし間もなく王室との関係を恢復し、チェスターの主教《ビショップ》にもなり、王立協会《ロイヤル・ソサイエティ》の中心人物の一人でもあった。彼は月や地球に関する著述のほかダルガーノ（George Dalgarno, 1626?-1687）という pasigraphist《パスグラフィスト》と呼ばれる普遍言語研究家の著書『記号術（*Ars Signorum*, 1661）』などの刺戟を受けて、表意文字研究の大著を出したのであった。クーパーはこのウィルキンズの大著に負うところが極めて大きい。その文法部分の構成は次のようになっている。

一、品詞の分類（cap.1）
二、品詞各論（cap.1-cap.7）
三、統語論《シンタックス》（cap.8）
四、合成、アクセント、句読法（cap.9-cap.10）

その品詞の分類を見ると、一見ラムス流の二分法に従っているようであるが、各品詞を、ラムスの如く形態のみによって分けるのではなく、意味内容《セマシオロジカリ》に従って分けている点で、中世的な伝統に立ち返っているとも言える。ここで統語論《シンタックス》がちゃんと復活していることは伝統的文法の構成にもどったといえる。これは彼に影響を与えたウィルキンズの言語哲学書が、その本質上、品詞などの意味内容重視であったことの影響である。

先ずクーパーは語（dictiones = words）を、それ自体で意味を有する品詞と、それ以外の品詞に分けられるとする。表にすると次のようになる。

- dictiones
  - integrales
    - nomina
    - verba
  - particulae（その他の品詞）

一見、ラムス式と似ているが、分類の基準が形式あるいは形態でなく、意味内容の定義なのである。これは正にアリストテレスのそれ自体で意味を有する品詞 categoremata《カテゴレマータ》（名詞と動詞）とそれ以外の語 syndesmoi《スンデスモイ》にさかのぼる分類法である（これから意味内容を抜こうと努力したのがラムスであった）。たとえばクーパーの体系の中で、たとえば名詞は次のように分類される（次ページ参照）。

このように精密な、つまり繁瑣な名詞の分類が意味内容にもとづいて行なわれる。ここに出てくる calefactibility《カリファクテビリティ》などという単語は『オックスフォード英語辞典』にも採録されていないが、calefactive《カリファクティブ》はニュートンも用いている形容詞であるから、その名詞形として作ってもよいだろうし、意味も明白である。こういう珍しい単語は、クーパーが実際に使用されている

- dictiones
  - integrales
    - nomina
      - substantiva
        - concreta (ens, rem ipsam)
          - neutrum—calor (heat)
          - activum—calefactio (heating)
          - passivum—τό calefieri (the being heated)
        - abstracta (essentiam)
          - neutrum—caloritas (hotness)
          - activum—calefactivitas (calefactivity)
          - passivum—calefactivilitas (calefactibility)
      - adjectiva
        - concreta
          - neutrum—calidus (hot)
          - activum—calefaciens (heating)
          - passivum—calefactus (heated)
        - abstracta
          - neutrum—caloritativus (caloritative)
          - activum—calefactivus (calefactive)
          - passivum—calefactibilis (calefactible)
    - verba
  - particulae

実例から見つけたものでなくて、ウィルキンズの言語哲学を英語に適用するとこういう単語も当然とされるということなのである。つまりクーパーは、品詞論の分野では師と仰いだウォリスの経験主義傾向によらず、十七世紀の先験主義傾向によったものである。面白いのはクーパーは lovingness《ラビングネス》という語を love《ラブ》の表で作り上げているが、この語は彼の体系、つまり概念図表（schema《シェーマ》）の中では substantivum（名詞）→abstractum（抽象）→activum（能動）ということになる。現在進行形、あるいは動名詞の語尾-ing に、名詞語尾-ness をつける造語法——たとえば livingness（生きていること）——は現代作家によって恣意的に用いられている造語法で、普通は大きい辞書にも採録されない語形であるが、クーパーの文法では言語体系的要請として造語されているのである。

　動詞についてもクーパーはウィルキンズに従って正しく把握していた。たとえば法 modus＝mood）はラムスが扱わなかったために、彼の影響を受けた英文法書にはその欠点が出てくるが、クーパーはウィルキンズに従って、基本法《ムード》（modi primarii＝primary moods）と二次法《ムード》（modi secundarii＝secondary moods）に分ける。こうした「法《ムード》」の二分法は英語の理解のため極めて重要なものであり、細江逸記博士がその曠世《こうせい》の名著『英文法汎論』（泰文堂・大正十五年＝一九二六、篠崎書林・増補新訂正新版一九九九）の中で、英語の「法」の問題を叙実法(indicative mood＝fact-mood）と叙想法（subjunctive mood＝thought-mood）に二分して明快に説き、仮定法とか祈願法とか、英語を勉強する人間の頭を悩ましてきた問題を一刀両断に説き明したものに通ずる。もっともクーパーは伝統的ラテン文法に従って不定詞（infinitive）をも法と数えているが、ウィルキンズはこれを名詞と考えていた。

クーパーの動詞に関する記述で最も重要なのは「時制（tense）」に関するものである。これはウィルキンズの時制に関する一般的な発言をもとにして、それまでに最もすぐれた「相（aspect）」についての観察を英文法に導入した。たとえば英語の現在形は次の如く三つあるとする。

praesens tempus（現在）
- actum praesentem in actu（行為中の現在行為）e.g. I am preparing.
- actum jam finitum（すでに完了した行為）e.g. I have prepared.〔it is prepared.〕
- tempus〔aoristum〕indefinite praeteritum, praesens et futurum（過去・現在・未来の不定な時制）e.g. The brewer brews.（醸造業者は醸造する）

つまり「現在」という「時制」の中に、三つの「相」を明瞭に認めたことになる。今では中学生でも習う現在進行形 be＋ing を、durative（継続相）という相《アスペクト》として取り上げた最初の英文法書である。その他、副詞、接続詞などの不変化詞（particulae ≒ syndesmoi）などは、意味内容に基づいて分類されており、ブロカーや中世のラテン文法書を想起させるが、クーパーの場合、ウィルキンズから来ている。同じことは統語論《シンタックス》についても言えることである。つまりウィルキンズが言語哲学書を構想した時、意識するしないにかかわらず中世の伝統に連なった。その影響を受けたクーパーの英文法書にも、意識するしないにかかわらず、中世のラテン文法書的なところが復活してきていると言えよう。これは次項に述べるラムスの影響下にあった英文法書、つまり宗教改革期の英文法と大きく異なるところである。

英語の五つの特長と利点

宗教改革期の英文法書に共通の点といえば、英語に極端な愛国的な誇りを持つことである。クーパーも英語の特長として次の五点をあげているのは注目に値しよう。

(1)豊かであること。これは copiousness のことで、英語の語彙の豊富なことをクーパーは誇っている。これは十六世紀初頭のイギリス人の劣等感の裏返しになっていることは前に言及した通りである（五四ページ参照）。しかし公平に言ってこれは現代英語の特徴にもなっている。ただ彼は極端な外来語導入には警戒している。

(2)意義深いこと。同意語に見えても、微妙なニュアンス（shades《シェイヅ》）を示している。たとえば

「魂の悩み」の程度《グレイド》（gradus）を示すのに、anguish《アングイッシュ》、woe《ウォー》、sadness《サドネス》、heaviness《ヘヴィネス》、sorrow《ソロー》、trouble《トラブル》、dump《ダンプ》、melancholy《メランコリ》、agony《アゴニイ》などがあると言う。またウォリスがetymology（語源論）で示したように、英語の単語には「音」と「意味」との間にしばしば一致が見られることを自慢している。これは今の言葉で言えば、英語には擬声語《オノマトピーア》が多いということである。これはプラトンの『クラテュロス』の中のクラテュロスの主張――単語の音と意味には本質的関連がある――という physei《ピュセイ》（= by nature）説の流れを汲んでいるもので注目に値する。またゲルマン語崇拝（Germanophilia《ジャーマノフィイリア》）をウォリスなどから受けついで、英語に単綴語の多いことを誇りにしている。これは擬声語起源の単語が多いことにも連なる。

(3)明晰であること。英語はラテン語が語尾変化で示すところを、前置詞を用いている。これによって意味のより細かい区別も、語序の自然さも保たれて明晰である。

(4)優美であること。耳ざわりな子音や語尾変化も少ない。またくだけた調子やら荘重なものに至るまで文体の変化があり、それが当時の作家によって実現されている。

(5)習得の容易なこと。英語には名詞・代名詞・形容詞などの変化（declension《デクレンシヨン》）や動詞の変化形（conjugation《コンジユゲイシヨン》）がラテン語などにくらべると無きに等しい。これに反してラテン語には六百の異なる語尾、名詞は五種の変化形のパラダイム、形容詞も三つの変化形のパラダイムがあり、単数形も複数形もそれぞれ六個の格《ケース》を持っている。

クーパーの並べ立てる英語の特長と利点は、それまで述べられてきたものの中で、最も念の入ったものである。特に語尾変化の多い総合的言語（synthetic language《シンセテック・ランゲッジ》）よりも、前置詞と助動詞を多く用いる分析的言語（analytic language《アナリテック・ランゲッジ》）の方が秀れていることは、二十世紀最高の英語学者の一人とされるイエスペルセン（Otto Jespersen, 1860-1943）の持論と通ずるものである。

三　ラムス系統の英文法書

1　ラムス系文典の多い理由

十七世紀前半に出た英文法書で主なるものは四冊あるが、そのすべてがラムスの影響下にあったということは興味深いことである。

この現象の説明はおそらくこうなるであろう。その頃までは英語のスペリングの混乱についての関心はあっても、英語の文法そのものに対する必要はまだそれほど感じられなかった。学者はラテン語で書き、公文書もラテン語かフランス語が主であり、英文法を必要とするような英文の必要はあまりなかった。文学はシェイクスピアのような人も出たが、その英語の特色は文法などまるで意識していないと思われる奔放闊達なところにあった。『オックスフォード英語辞典』の記すように、grammar（文法）と言えば「ラテン語文法」のことだったのである。

そんな時にあえて自国語の文法——英文法——を書こうという人は、革新の意欲が強かったに違いない。今でこそラムスの名前は専門家以外に口にされることは稀であるが、当時は「学藝の革新者」として巨大な名前であったのである。それでイギリスでも十六世紀末にP.Gr.の英文法書 *Grammatica Anglicana*（一五九四）以来、ウォリスの英語文法書 *Grammatica Linguae Anglicanae*（一六五三）の間の英文法書はすべてラムスの影響下にあった。年代順に略述してみよう。

2 ヒューム

先ず十七世紀最初に出版された綴字改革書と英文法書として現われたのはヒューム（Alexander Hume, fl. 1617）の『英語の正字法と文法（*Of the Orthographie and Congruitie of the Britan Tongue*, 1617)』である。

ヒュームは生年も没年も明かでないが、スコットランドの大学（St. Mary's College, St. Andrews）で修士号《マスター》を取ってからオックスフォード大学に入り、イングランドの学校で教えた後、スコットランドにもどりエディンバラやダンバーの学校の校長をやっていた。スコットランド王ジェイムズ六世は後にイングランド王ジェイムズ一世となるのだが、そうなった後にスコットランドを訪ねた時、歓迎の辞を述べ、その時に「王の権威を以って英語の乱れた綴字を正してもらいたい」と言っているから、祈禱書や聖書訳を欽定にしようとした当時の風潮を示している。この時ヒュームは六十歳ぐらいと言われるから、生れは一五五七年頃ということになる。また彼は自分の書いた『新ラテン文法（*Grammatica Nova* = New Grammar, 1617)』をスコットランド中の学校で使わせるように議会を動かすことに成功している。しかし同じ年に出した英文法の方は成功しなかったようである、というよりは、そもそも当時の学校で英文法は一般に教えられていなかったから効果がなかったと言うべきであろう。

ちなみにヒュームが二冊の語学書を出したのは、イギリスではシェイクスピア、スペインではセルバンテス、日本では徳川家康の死んだ翌年、すなわち一六一七年である。

ヒュームの品詞の二分法的分類（dichotomy）はラムスが「数《ナンバー》」を基準にしたのに対して、「人称《パーソン》」を基準にしているところが新工夫である。もっともヒュームの人称（person）の概念は多義的で曖昧なところもあるが、以下の分類では、personal = declinable（変化形あり）、impersonal = indeclinable（変化形なし）と解釈すべきであろう。

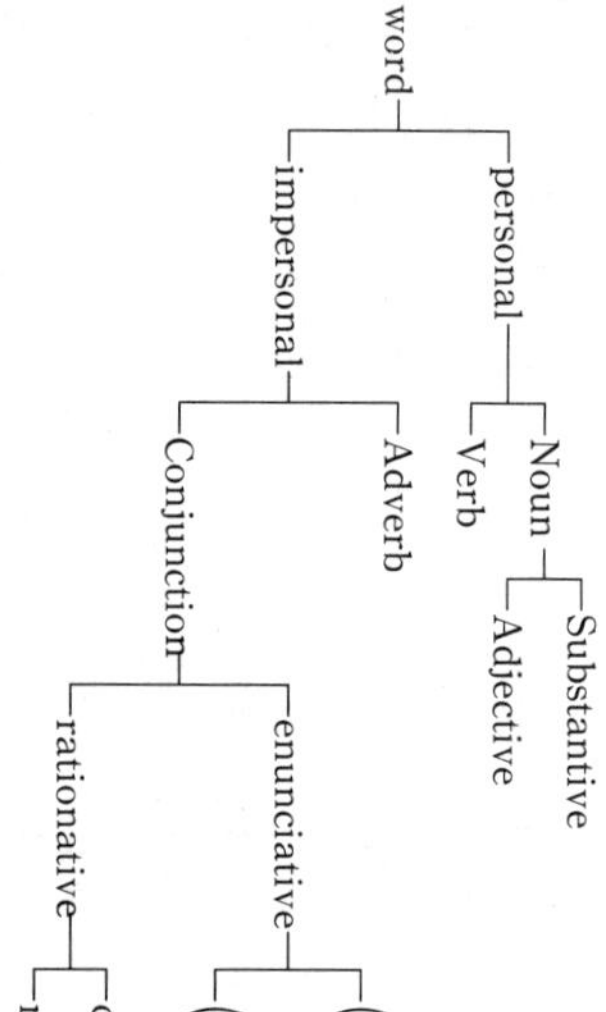

つまり変化詞か不変化詞かで品詞を二分することを始めるのは、その基準をラムスの如く「数」におくか、ヒュームの如く「人称」におくかに拘らず結果として同じになるが、英語の分類の場合にはすぐに現実に合わなくなる。たとえば noun という上級概念の下に、substantive と adjective を置いたのは中世の思弁文法のやり方であるが、近世以降の英語は形容詞（adjective）には数や人称の変化がなくなっているのだから、無反省にラムスの図式を取り入れたと批判されても仕方ないであろう。

またヒュームは動詞の種類を三分して、存在（being）、能動（doing active）、受動（doing passive）にしている。これは中世思弁文法の注目すべき特徴であった。ラムスの図式を踏襲しようとしたヒュームに、中世思弁文典が顔を出しているのは、おそらくヒュームが若い頃は、スコウトス（Duns Scotus, c.1265-1308）の著作と言われた――今では Thomas von Erfurt の本とされている――思弁文法を勉強したことがあったからではないだろうか。

3　ギル

ヒュームがスコットランドで綴字改革と英文法書を出版していたのとほぼ同じ頃に、イングランドではギル（Alexander Gil or Gill, c.1565-1635）が、十六世紀、十七世紀を通じて、前にのべたウォリス（二二一ページ参照）とクーパー（二二七ページ参照）の著書と並んで、英語に関する三大重要著書――いずれもラテン語で書いてある――と言われる『英語学（*Logonomia Anglica* 1619, 1621²）』を出版した。

ヒュームのものがパンフレット風なのに反し、ギルのものはハンガリー生れのドイツの英語学者イリチェック（Otto L. Jiriczek, 1867-1941）がミュンスター大学教授であった一九〇三年に出したリプリント版でも百五十ページを超える堂々たるものである。

ギルはマルカスター（九八ページ参照）の後を受けて名門校セント・ポールズ・スクールの

校長《ハイ・マスター》で、大詩人のジョン・ミルトンも五年間ほど彼の教え子であった。しかしギルは前任者のマルカスターとは綴字問題に関しては反対の立場で、表音主義による綴字改革の必要を感じて、五十代の半ば頃に *Logonomia Anglica* の第一版（一六一九）を出したのであった。しかしこの本は発音に忠実に表記しようと努力しすぎたため、印刷者の持っている活字にはない字体や記号が多く、似た活字で印刷して後でペンで手を加えるという厄介なことになった（なおこの写真版と現代英語訳版が、一九七二年にストックホルムから出版されている）。それで一六二一年に第二版を出したが、この時は完全な表音主義に固執することを多分に犠牲にして妥協し、その代り実用価値を高いものにした。たとえば初版では質的に同じ母音でも短母音と長母音では別な記号を用いていたのに、第二版では短母音の上に長音符（diaeresis《ダイエレシス》〔¨〕）という記号を導入したことである。イリチェックのリプリント版はこの第二版に拠っている。

　ギルの英語音韻論にはここでは立ち入らないが、英語音韻史の上では見のがしえない功績があった。それは発音の中に価値概念を最初に導入した学者と見なされるからである。つまり彼は「正不正（recto《レクト》とmalo《マロ》）、適不適（proprias《プロプリアス》とimproprias《インプロプリアス》）という判断をいろいろな発音に下しているからである。これは当時すでに標準英語（Standard English）の発音が意識されていた証拠である。彼は名門大学を出て、名門校で教えていたので自分の発音に自信があったのであろう。

ギルの音声学的な意味で重要な第二点は、女性、特に上流の若い女性——彼はmopsae《モプサエ》と呼んでいる——の特有な発音法に関する観察を書き残していることである。たとえば彼女たちは白麻のハンケチcambricを「カンブリック」と発音せず、「ケンブリック」あるいは「キンブリック」と母音を「薄く（attenuo《アテヌオ》）」発音する傾向があるというのである。母音の上昇する現象つまり硬口蓋化（palatalization《パラタライゼーション》）は英語の発音変化の大きな動因となるもので、英語史上の重要な問題であるが、その一つとしてギルが若い上流婦人の発音に注目したのは、後に英語音韻史の決定版とも言うべきホルン＝レーナートの『音韻と生命（Wilhelm Horn and Martin Lehnert, *Laut und Leben*, Berlin, 1954）』に対しても貴重なヒントを提供することになった。

ギルの綴字改革案は、伝統的な綴字とはそれほど隔《へだ》たったものでなかったが、普及はしなかった。ただ彼の教え子のミルトンの綴字にはかなりの影響があったという指摘もある。しかしイギリスは綴字に関しては、伝統的なものを好んできている。

中世式にもどって整備された文法

さてギルの文法の部分を見ると、全体の構成としては、中世のラテン文典で完成した四部門がすっかり復活していることがわかる。ブロカー以来、英文法の構成は体系的な枠組みとしてはまだはっきりと成立していなかった。中世式にもどって整備されたというのは逆説めくが、文法研究は中世において成熟していたのが、宗教改革後の土着語文法（英文法など）が未熟だったのである。それが十七世紀に入ってだんだん整備されると中世のラテン文法に似た体系になってきた、ということになる。

先ず大きな部門分けを中世のそれとくらべてみよう。

Gil	**中世ラテン文典**
一、Grammatica de literarum usu（文字の文法＝綴字論）	Orthographia（＝recte scribere）（正字法＝正しく書くこと）
二、Etymologia（品詞論）	Etymologia（＝recte scripta recte intelligere）（品詞論＝正しく書かれたものを正しく理解する）
三、Syntaxis（統語論）	Diasynthetica（＝recte intellecta recte componere）（統語論＝正しく理解されたものを正しく統合する）
四、Prosodia（韻律法）	Prosodia（＝recte composita debito modo pronunciari）（韻律法＝正しく統合されたものをしかるべく発声すること）

このギルの四部門のうち、統語法《シンタックス》の部門が大きく復活したことに注目したい。これこそ中

世ラテン文法の特徴だったものであるから。

　ギルの品詞分類の仕方は、クーパーと、つまりウィルキンズと似て、アリストテレス的な二分法からはじまるが、ラムスの影響を受けて、その二分の基準は「数」のあるものか否かということであると強調している。すでにのべたようにラムス的と言うのは、反アリストテレスを旗印にしながら、その実はアリストテレスにおんぶしているので、結果的には似たようなものになるのである。ギルはラテン語文法にない冠詞を独立した準品詞として認めた最初の英文法家でもあり、代名詞にも一章を与えている。アリストテレス、中世思弁文典、ギルの品詞分類のやり方を並列してみよう。

一　アリストテレス

品詞
- Kategoremata
  - Onoma（= noun）
  - Rhema（= verb）
- Syndesmoi（その他）

二　中世思弁文典（Grammatica Speculativa）

品詞
- modi principaliter entium（主要存在格式）
  - nomen
  - verbum
- consignificativa = synkategoremata（その他）

三　ギル

- 品詞
  - voces numeri（＝有数詞）
    - Nomen
      - (Substantiva)
        - Commune
        - Proprium
        - Personale
          - Prima
          - Secunda
          - Tertia
      - (Adjectiva)
        - Commune
        - Proprium
        - Personale
    - Verbum
      - Personalia
        - Actiuum
        - Passiuum
        - Neutrum
        - Anomalia, Defectiva
      - Impersonalia
  - voces sine numero-Consignificativa（＝無数詞）(Articulus, Aduerbia, Coniunctiones, Praepositiones, Interiectiones)

ラムスの影響の故に何とか二分法を維持しようとする努力が見られる。もっともギルが正式に品詞（partes orationes）と言っているのは、Nomen, Verbum, Consignificativa の三品詞のみ、つまりアリストテレスの分類のところまでである。しかし具体的な記述になると、伝統的な品詞名を使っているので、結局、今の数え方からすると、冠詞、代名詞（Personalia）も数えて、九品詞になることになる。動詞の分類はリリーのラテン文法書（八六ページ参照）とほぼ一致する。

またギルは統語法《シンタックス》を十分に扱った最初の英文法家で、三十二ページ（イリチェック版で五十六ページ）もある。彼はまず統語論も二分する。すなわち次の如くである。

Syntaxis ┬ simplex（= simple）——散文
　　　　 └ schematistica（= schematic）——韻文

彼の韻文の統語論は、修辞上の破格（figures《フィギャーズ》）を扱っている。例文はほとんどスペンサー（Edmund Spenser, c.1552-99）の『仙女王（*The Faerie Queene*）』から採っているのは注目に値する。これはラムスが、文法の用例は勝手に作ってはならず、「しかるべき権威より（ex idoneis authoribus）」取ってこなければならないと主張した原理にもとづくものである。ギルにとっては彼の文法の一世代前ぐらいに出たスペンサーの傑作が「権威」と見えたのであろう。ギルはチョーサーを外来語を多く入れた張本人として厳しく批判しているのに、スペンサーの詩はよいというのは面白い。またスペンサーとほぼ同時代のシェイクスピアはギルの目には英語の「権威」としてはうつっていなかったのである。

4 バトラー

十七世紀の英文法書でラムスの影響下にあったもう一冊はバトラー(Charles Butler c.1560–1647)の『英文法(*The English Grammar*, 1633,1634²)』である。これはイギリスで“The English Grammar”という表題を掲げた最初の本である、という点だけでも注目に値する。『オックスフォード英語辞典』でもこれを見落して、最初にこの表題を使った本は、おそらくジョンソン(次項参照)の本であろうとしているからである。

この本に私が最初に出会ったのはヴィーン生れの英語学者で、後にグラーツ(Graz)大学の教授、ドイツ・シェイクスピア協会の理事でもあったアイヒラー(Albert Eichler, 1879–1953)による第二版からのリプリント版であった。アイヒラーはバトラーを本格的に研究した最初の学者であり、それに関する本も出している。彼はバトラーの初版とその翌年に出された第二版を比較して、本体には問題とすべき差はないものの、序文の追加や、表記法の相違などからみて、第二版の方が復刻により値するとしたのであった。しかし私は初版も見たいものだと思っていながら果せないでいたところ、停年退職の年にエディンバラの古本屋のカタログに出て入手することができた。第二版のリプリント版で研究してから、実に四十四年後に初版を手にして感慨無量であった。

バトラーはオックスフォードに学び、前項のギルの二年前にM.A.の学位を取り、ハンプシャの小村で牧師をしながら、文法、修辞学、音楽に関する著述を行った。諸学に通じていたほか、語学ではラテン語、ヘブライ語、フランス語、ドイツ語などに加えて、当時の人には珍しく、中英語や古英語の知識もあった。平均寿命の短かった時代に九十歳近くまで生き、七十歳を超えてからも著述を続けたバトラーに、博識、健康な田舎牧師の一つの典型を見る思いがする。

アリストテレスからの影響

バトラーの文法書を書く動機は、ブロカー以来の文法家たちと同じく綴字改革、つまり英語のスペリングを発音に一致するように統一しようということであった。彼は文法を定義して「よく書いたり話したりする技術である（Grammar is the Art of writing and Speaking wel）」というラムス的な言い方をしている。彼の文法書には統語論《シンタックス》もなく、綴字論と語格論《アクシデンス》を扱っているだけで、ヒューム（一三八ページ参照）など、当時よくあった幼稚な文法書の外形を示しているにすぎない。

しかし彼の語格論《アクシデンス》にはアリストテレスの著作から直接影響を受けたと解釈するより仕方の

ない記述がある。これは近世初期の英文法史上、先例もなく、また後例もなく、全く孤立して現われた現象のように思われるが、これもバトラーの博学に負うものであろう。ラムスはアリストテレスを批判しながらもアリストテレスを踏襲しているので（九三ページ参照）、バトラーがラムスの影響と、アリストテレスからの直接の影響を受けていても矛盾しないのである。

プラトンは『テアイテトス』の中で、ロゴスはオノマ（ὄνομα）とレーマ（ῥῆμα）に分れているとし、前者は「叙述されるもの」、後者は「前者について叙述するもの」と言っている。これは現代の表現で「主語」と「述語」と言っているものに相当する。しかしアリストテレスの著作（Περὶ《ペリ》 ἑρμηνείας《ヘルメネイアス》「解釈論」）の中では、明かにオノマもレーマも品詞として扱われており、それぞれ「名詞」と「動詞」と訳してよい。そしてこの両者を区別するためにアリストテレスは、名詞は「時の観念を含まぬもの」とし、動詞は「時の観念を含むもの」としているのである。つまり英訳してみると名詞と動詞の差は、without と with の違いだけによるとした。

A Noun is a word of number and case, <u>without</u> difference of time.

A Verb is a word of number and case, <u>with</u> difference of time.

これはアリストテレスのオノマとレーマの定義の差が ἄνευ《アネウ》（＝without）か προσσημαίνει《プロスセマイネイ》（＝with）の二語の差だけになっているのと厳密に対応している。

動詞にも「格」を認める

更にバトラーがアリストテレスから直接影響を受けていると見られるのは、名詞と動詞の両方に「格（case＝πτῶσις《プトーシス》）」を認めていることである。「格」と言えば、名詞、代名詞、形容詞にのみ認めるというのが古代ストア派の文法学以来の伝統であったのに、突然、十七世紀になって、動詞にも格を認める英文法が出現したのである。

それはアリストテレスが、今日では名詞の主格（nominative）に当るものだけを名詞と呼び、その他の格のものを「名詞に非ずして名詞の格（πτώσεις ὀνόματος《プトーセイス　オノマトス》）である」と言い、動詞についても、現在形（不定詞とも言える）のみを動詞とし、過去形など他の変化形すべてを「動詞に非ずして動詞の格（πτώσεις ῥήματος《プトーセイス　レーマトス》）である」と言っているからである。

動詞にも名詞にも同じ「格」という概念が用いられるのは、われわれの感覚からすればおかしいようであるが、語源的に考えれば納得できる。つまりギリシャ語のπτῶσις《プトーシス》の意味は「落下」であり、それに対応するラテン語casus《カースス》も「落下」の意味である。このラテン語casusから英語のcase《ケイス》が作られたわけだが、これを日本語では「格」と訳した。本来ならば「落」と訳すべきであった。基本的な型（プラトン哲学ならイデアに相当する）から、「落ちた型」が主格や現在形（不定詞）を除く他の変化形なのである。

よく知られるようにプラトンは「イデアの世界」と「現象の世界」を対立せしめ、現象界はイデアが地上に落ちた世界（プラトンはここで πτῶσις《プトーシス》 という単語を用いている）である。名詞にも動詞にも、基本形とされるものと、それに対応する種々の変化形があるが、その類比がプラトンのイデア界と現象界という区別から来たと言えよう。バトラーの古典学の教養をうかがわせるものであり、当時、イギリスで盛んになっていたプラトニズムの影響があるかも知れない。

　バトラーは名詞に主格《ノミナティヴ》、属格《ジェニティヴ》というような普通の文法用語を用いながら、前者を「正格(the Rect《レクト》 case)」とし、後者を「斜格（the Oblique《オブリーク》 case)」としている。この古風な格の名前は、アリストテレスの『解釈論』の五世紀の注釈者アンモニウス（Ammonius Hermiae）の説を引き継いだものである。彼によれば正格（πτῶσις《プトーシス》 ὀρθή《オルセ》）とか斜格（πτῶσεις《プトーセイス》 πλάγιαι《プラギアイ》）というのは、古代の蠟板用尖筆を地面に落した時に、まっすぐに立つか、斜めに立つかになるということの比喩から生じた用語だというのである。

　この説は最近の古代文献学によって否定されているが、もちろんバトラーはそれを知らない。ただバトラーの名詞の格についての意見で注目すべきことは、主格と属格の二つしか認めなかったことである。それまでの英文法家たちは、名詞の前に of とか to とか with などの前置詞を付けたものをも英語の格と見なして、ラテン語と同じく、英語にも格が四つあるとか五つあるとか言っていたのであった。この点、バトラーは語形変化として現われた格だけ、つまり主格と属格しか認めなかった点で、語形重視であり、イエスペルセン（Otto Jespersen, 1860-

1943）やスウィート（Henry Sweet, 1845-1912）やクリューシンガ（Etsko Kruisinga, 1875-1944）のような近代の英語学者と同じ考え方をしていたことを示している。

ラムスからの影響は二分法へのこだわりに最もよく現われるが、バトラーの場合、次のようになる。

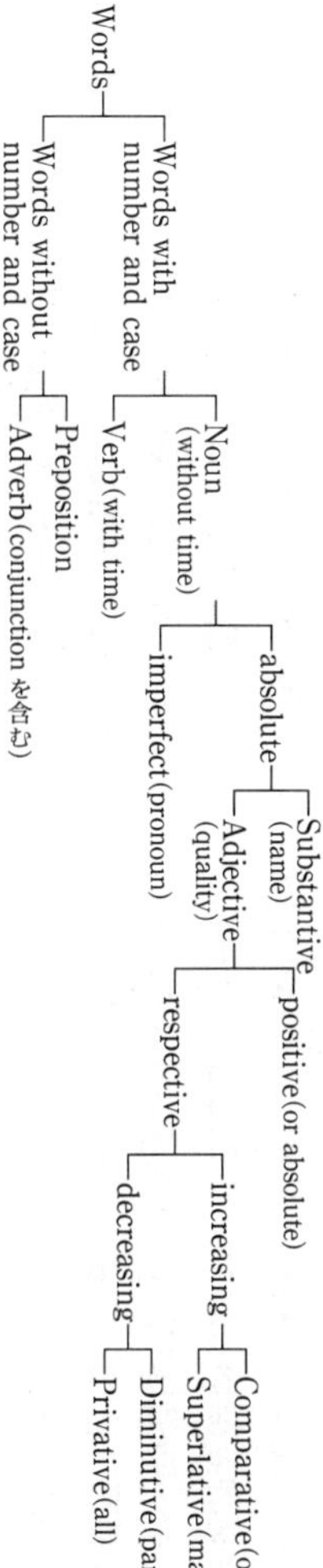

もう一つバトラーを特徴づけているのは、その熾烈《しれつ》なゲルマン愛（Germanophilia《ジャーマノフィイリア》）である。彼はある言語の優秀さは、次の三つの性質を持っているか否かで決まるとしている。その三つとは「古さ（Antiqiti《アンテイクイテイ》）」、「豊かな優雅さ（Copious Eleganci《コーピアス・エレガンシー》）」、「普遍性（Generaliti《ジエネラリテイ》）」であるとする。

第一点の「古さ」に関して言えばゲルマン語（チュートン語）——英語はその一つ——は征服されたことのない征服者の言語であると主張する。ここでバトラーは大陸のゲルマン熱愛者(Germaophile)《ジャーマノファイル》——あるいはゲルマン狂徒と訳してもよいかも知れない——であるゴロピウス（John van Gorp）やオルテリウス（Ortelius）の名や、イギリスのゲルマン狂徒のキャムデン（William Camden, 1551-1623）や、ファーステガン（Richard Verstegan, fl.1565-1620）への言及、特にファーステガンへの言及が多い。

第二点の「豊かな優雅さ」の点ではギリシャ語をしのぐとしている。英語は元来、合成力に富む言語であったが、これに厖大な借用語が加わり、更に派生語を導き出して豊かな国語を作り出し、すぐれた作家を産み出していると言う（借用語をプラスに評価している点ではファーステガンと異なる）。それに第三点の普遍性であるが、ゲルマン語の用いられている地理的空間の広さから、最も普遍的（general）な言語であるとする。そしてGerman《ジャーマン》あるいはAlman《アルマン》（＝Allemand《アルマーン》）という単語の語頭のger-やal-は「凡て（all）」という意味で、普遍性を示すものだという解釈を示す。バトラーがドイツ語やオランダ語や古英語を学んだことは、彼のゲルマン愛と密接な関係があったらしい。

このゲルマン語に対する愛と誇りに胸をふくらませていたバトラーも、英語のスペリングの現状を見ると、「未洗練の恥ずべき野蛮状態（gros and disgracful barbarismes)」と認めざるをえず、それで「綴字改革」――「真実のゆるがぬ表記法、つまり表音主義綴字改革」――をやろうとしたのであった。そして外国人に侮られないように、ラムスを参考にして、英語を文法の枠組みに入れようとしたのであった。

5 ジョンソン

十七世紀前半の注目すべき文法書として、もう一冊ベン・ジョンソン（Ben Jonson, 1572-1637）の『英文法（*The English Grammar*, 1640）』をあげたい。彼は劇作者として英文学史上での大きな名前であり、その作品はシェイクスピアの一座によってグローブ座で上演されたこともあった。彼は幼くして父を失ったがキャムデン（前ページ参照）によってその才能を見出されて名門ウェストミンスター・スクールからケンブリッジ大学に学び、後にM.A.の学位を贈られている当代一流の古典学者でもあった。彼の友人にはシェイクスピアもおり、シェイクスピア全集初版には有名な序文もつけている。彼の友人の中にはそのほかフランシス・ベーコンはじめ、当時の名士の多くが数えられる。

ベン・ジョンソンが古典学者であったことは彼の英文法書と本質的な関係がある。最も広い学識を背景に書かれた英語史の一冊であるマクナイト（G. H. Mcknight, 1871-1951）の『近代英語成立史（*Modern English in the Making*, 1928）』は第十章を「シェイクスピアとその時代の言語」と題し、それに続く第十一章を「古典主義と学校教師」としているが、ベン・ジョンソンはこの第十一章で扱われているのである。簡単に言えば、シェイクスピアの英語は自由奔放で文法など気にした様子はないのに反し、シェイクスピアより約十歳ほど若いジョンソンの頃になると、世の中が一般的に古典主義に傾いてきて――古典主義というものには規則重視の要素がある――英語にも規則を求める風潮、つまり英文法を意識する風潮が出てきたと言うのである。これは英語を豊かにするために、どんどん古典語などからの借入語を入れようと努力し、それに成功した段階が終って、「英語にも規則を」つまり「英語にも文法を」という国語意識が強くなった段階に入ったということである。こうした国語意識の段階が、演劇の分野における古典主義の擡頭《たいとう》の時期とも重なってきたことを示して興味深い。

不世出のベン・ジョンソン

シェイクスピアを頂点とするエリザベス朝のギリシャ・ローマの古典劇の三一致の法則（時、場所、筋）を無視したロマン劇に対して、古典劇の伝統を評論で擁護し、作品で実践したベン・ジョンソンは、その博学を駆使して英文法書を書いたのである。しかしその原稿は一六二三年に火災で書斎が焼けたので烏有《うゆう》に帰し、二度目に書いた文法書が死後三年してから、フォリオ判二巻より成る著作集の中に収録して印刷された。前にのべたように私はこの英文法書を故・刈田元司先生から借り出し、修士論文で扱ったのであるが、先ず本文よりずっと数量の多いラテン語の文献からの注釈を見て、はじめのうち手のつけようもなく茫然としたことを覚えている。確かに彼は、「穏和《ジェントル》なるシェイクスピア」と並び、「不世出《レア》のベン・ジョンソン」と言われた広い学識を示すが、文法体系については最も厳密にラムスに従った一人である。すなわちラムスの第一巻及び第二巻（Etymologia）はジョンソンの第一巻に当り、ラムスの第三巻及び第四巻（Syntax）はジョンソンの第二巻に相当している。

ただジョンソンが十七世紀のラムス派の英文法家たちと違っている点は、綴字改革の意志がなく、慣習でよいとしていることである。この綴字に対する考え方は、理論的には彼が尊敬していたベーコンに由来し、実践的な面ではマルカスターに負っている。彼はクインティリアヌスの言葉というのを引用して、「慣習こそが言葉の最も確実な女教師（mistresse）であり、それは公的刻印が通貨を作るが如し」と言っている。

ジョンソンは当時の英文法家の中では初めて「経験」とか「観察」の重視を強調した人である。自分の文法書は「現在話され、かつ用いられている英語に対する著者の観察《オブザベーション》（observation）に基づく」と言い、また序文の中で「経験は学藝を産む……経験、観察、知覚、帰納は学藝の四つの試金石である……文法においては、発明より排列の方が重視されるべきである」とも述べているが、これはラムスの主張そのままである。ラムスは力をきわめて経験的方法を力説した（もっともラムス自身は自説に必ずしも忠実でなかったが）。ジョンソンの場合は、更に彼の尊敬してやまないベーコンの哲学の主張とそれが一致していたということもあるであろう。

ジョンソンはラムスに忠実に、「数」を機軸にして二分法をすすめる。すなわち、

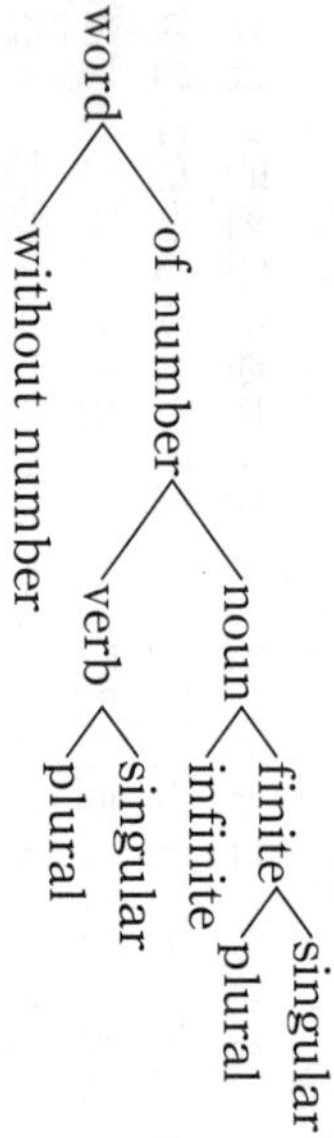

「数」のない品詞である接続詞は、意味内容によって次のような二分法をすすめるが、これはラムスの翻訳と言ってもよい。元来ラムスは「意味内容」を分類に用いるのに反対だったはずであるが、こういう点になると中世思弁文典のやり方を取り入れたのである。

- Conjunction
  - declaring
    - gathering
      - coupling (and)
      - conditioning (if)
    - separating
      - severing (but)
      - sundring (either)
  - reasoning
    - rendering (because)
    - inferring (therefore)

ジョンソンは名詞の格にabsolute《アブソルート》（不変化格とも言うべきもので主格と目的格に当る）とgenitive《ジェニティヴ》（属格）しか認めない点、前項のバトラーと同じく現代の文法家の多くに見られる形態重視であり、その点ではラムス的とも言える。一方、名詞の性（gender）に六種――masculine（男性）、feminine（女性）、neuter（中性）、promiscuous or epicene（通性）、common or doubtful（共性）、common of three genders（三性通用＝形容詞）――をあげているが、これはブロカーのようにリリーのラテン文法に拠ったものと考えられ、ラテン語かギリシャ語でなければ無意味な分類になっている。またラムスのラテン文法、特にウァロ（Marcus Terentius Varro, 116–27 B.C.）の文法を知らないと全然わからない。たとえば、‘I may love’がどうして perfect present（直訳すれば完了現在形）なのか、‘Love’がどうして future（未来形）なのかさっぱりわからない。しかしこれをラムス＝ウァロ的ラテン文法に合わせて二分してみるとはじめて理解されるのである。

- tense
  - imperfect
    - the Present（Amo ; I love）
    - the Tyme past（Amabam ; I loved）
    - the Future（Ama, amato ; love, love）
  - perfect
    - the perfect present（Amem, amarem ; I *may* or *can* love, I *might* or *could* love）
    - the perfect future（Amabo, amavero ; I *shall* or *will* love, I *shall* or *will have* loved）
    - the perfect-perfect（Amavi, amaveram ; I *have* loved, I *had* loved. Amaverim, amavissem ; I *might have* loved）

つまりラテン文法を対照させると、英語では助動詞を用いて表現しなければならない時制をジョンソンは perfect　tense（完了時制）と名付け、動詞だけで表現できる時制を imperfect tense（未完了時制）と名付けたのである。普通の語感からすれば、この名称は逆にした方がよいように思われるであろう。このような分類も、ラムスの主張に従って文法に「法（mood）」

を認めまいとしたからであると考えられる。

同様に統語論《シンタックス》においてもジョンソンはラムスの影響を受けているほかに、リナカー（Thomas Linacre, 1460?-1524）のような人文主義時代のラテン文法書や、中世のラテン文法の影響などがあるので用語も独特である。たとえばellipse《エリプス》（省略）やanacoluthia《アナコルシア》（破格構文）を、それぞれasyndeton《アスンデトン》, polysyndeton《ポリスンデトン》と名付けているが、これなども中世のアレキサンダーの*Doctrinale*（四六ページ参照）に出てくる術語なのである。

ジョンソンはキャムデンなどのゲルマン狂徒とも親しくしており、英語は容易さ（easiness《イーズイネス》）と短さ（shortness《ショートネス》）においてギリシャ語やラテン語にまさるという国語意識をも示している。ゲルマン愛の強かったギルやバトラーとも同じく、動詞の分類に詳細である。特にいわゆる不規則動詞はゲルマン語であり、「わが国本来の、この国に生じた（naturall and home-borne)」ものであるので、愛着があったのであろう。

四　十七世紀英文典の総括

以上は十七世紀における主なる英文法書を扱ったのであるが、そこに見られる特色は、ラムスの影響を受けたものが多いこと、表音主義をめざした綴字改革を出発点とするものが多いこ

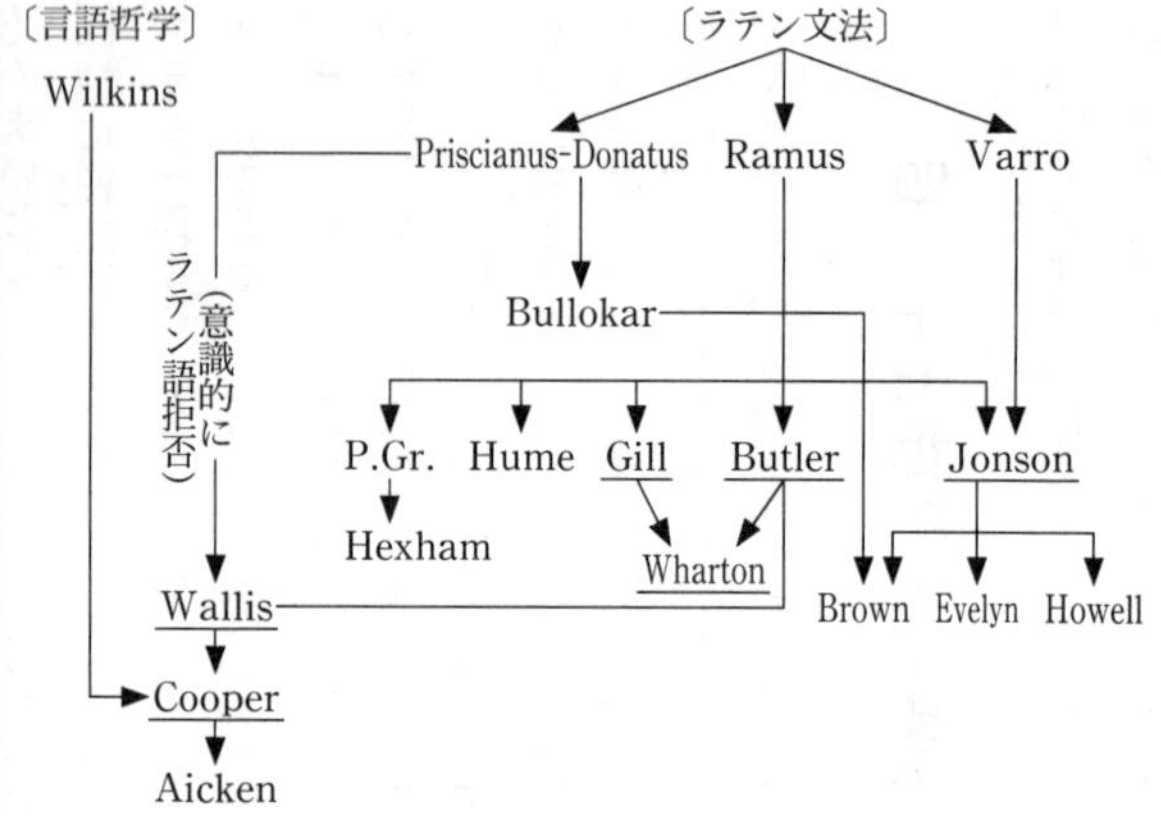

（上の表で下線をほどこしてある文法家は Camden-Verstegan の Germanophilia の影響下にあると認められる。）

と、ゲルマン語崇拝者が多いことである。表音主義的綴字への関心は音声学への第一歩となったし、ラムス主義者にも中世以来のラテン文法の影響がみられた。それを簡単に図示すれば次のようになるであろう。

十七世紀の英文法書を論ずるには、当然、当時のラテン文法の動向も述べるべきであるが、ここで詳しく立ち入ることはできない。リリーの欽定ラテン文法書についてはすでにふれたが（八四ページ参照）、ボヘミアのコメニウス（Johann Amos Comenius, 1592-1670）の教育学、特に彼の言語教育論は革命的であり、その方法論や母国語重視の思想は、伝統的な古典語教育重視に反感を持っていたピューリタンの間に熱心な支持者を得たのである。たとえばハートリブ（Samuel Hartlib, c.1599–c.1662）は革新的風潮の強かったケンブリッジ大学に学び――約一世紀前のラムス熱と何と似ている情況だろう――コメニウスを崇拝して、彼をイギリスに招いてもいる。詩人ミルトンも自分の『教育論（*On Education*）』をハートリブに捧げているくらいだから、当時におけるその影響力が知られよう。コメニウスの路線は、次第にラテン語教育軽視と、母国語尊重へとつながるのである。こうした風潮の下で、リリーの欽定ラテン文法書も世紀の半ば頃までには英訳され、補遺や付録まで英語でつけられるようになったのであった。

第八章　十八世紀の「規範」への衝動

一　はじめに

流れゆく時間を恣意的に世紀に区切ることは本来は意味のないことであるとは、すでにマックス・ノルダウ（Max S. Nordau, 1849-1923）がその名著『堕落論』の中で、「世紀末（fin《ファン》 de《ド》 siècle《シエクル》）」という概念を批判した時に説得的に指摘した通りである。しかし西暦圏の人々のみんながそれを意識して行動するせいかどうかわからないが、世紀の変り目は歴史的現象の流れを区切るには甚だ有効な面もある。たとえば北清事変（一八九九—一九〇一）や日露戦争（一九〇四—〇五）で始った二十世紀と、ヨーロッパ通貨のユーロ統合やイラク戦争で始った二十一世紀は明かに質の変った世紀と見ることができよう。イギリスにおける英文法の歴史の中でも、P.Gr. の英文法書を最後とする十六世紀の状況と、無名氏による『文法戦争（*Bellum Gram-*

maticale; or the Grammatical Battle Royal…, 1712)』ではじまり、マリーの英文法（Lindley Murray, *English Grammar*, 1795）で終わる十八世紀の状況は全く異なるのである。

「文法戦争」というのはいかにも大袈裟な言い方であるが、これは一七一一年から翌年にかけて三冊もの英文法書が出版されるという事情を取り上げて諷刺・批判しているのである。副題をBattle Royal《バトル・ロイヤル》にしたのは、三人以上が参加して最後の一人になるまでの大激闘にたとえたものであった。世紀の中頃までになると、ここに取り上げられた三冊の文法書のどれも勝者でないことがわかるのだが、念のためにその三冊をあげておく。

1　グリーンウッド

先ずグリーンウッド（James Greenwood, d.1737）の『実用英文法論（*An Essay Towards a Practical English Grammar…,* 1711）』とその簡約版『ロイヤル英文法（*The Royal English Grammar*, 1737）』であるが著者はセント・ポールズ・スクールの副校長で、その影響力もあってか長く版を重ね、アメリカでも出版されてフランクリンも利用している。コメニウスの訳者でもあった彼は、文法教育は母国語からはじめるべきだという意見を持っていた。ヒックス（George Hickes, 1642-1715）やロック（John Locke, 1632-1704）のような大学者やクインティリアヌスやウァロのようなラテン作家の意見を参考にしていることが序文からわかるが、音韻論はウォリスに負うところが多く、文法体系は伝統的ラテン文法の品詞論《アクシデンス》に従っている。文法に「法（mood）」という概念を認めないのは、ラムスの影響と思われるが、それは彼の受けたピューリタン的教育に関係があるのかも知れない。ここで注目すべきことは、当時すでに哲学的な文法（general《ジエネラル》, or philosophical《フイロソフイカル》, or rational《ラシヨナル》, or universal《ユニバーサル》 grammar《グラマー》）と実用的な文法（practical《プラクテイカル》 or particular《パテイキユラー》 grammar《グラマー》）の区別のあることをグリーンウッドは知っていて、あえて実用文法を書いたのであるが、文法の理論的な面にも彼は関心があった。すでにクーパーとウィルキンズの関係で見たように（一二九ページ参照）、学校文法《スクール・グラマー》の著者たちも、その著述を大学者の理論文法で裏付けようと努力していたのであった。

2　メテール

「文法戦争」の第二の本はメテール（Michael Maittaire, 1668-1747）の『英文法（*The English Grammar: Or An Essay on the Art of Grammar*..., 1712）』である。著者はフランスのユグノーの子で両親と共にイギリスに帰化しウェストミンスター・スクールで国王の奨学金を得、特に古典語を仕込まれた。ケンブリッジのM.A.を与えられ、母校のウェストミンスター校で教えた後に、自分の学校を建てた。古典叢書を出したり、ギリシャ語の新約聖書を出したり、その博学はジョンソン博士（Samuel Johnson, 1709-84、一八二ページ参照）も認めるところであった。彼の文法書の枠組みは伝統的八品詞系に属するものであったことは当然であるが、注目すべき点は彼の普遍文法観であった。彼は古典語文法、特にギリシャ語文法を重んじ、ギリシャ語に存在するものはそれに対応するものを常に現実の世界に実在として持つと信じている中世的リアリストでもあった。そして英文法はギリシャ語、ラテン語を習得するための前段階として必要なものという立場から、英語とギリシャ語とラテン語をかなり組織的に比較していることは、十九世紀にもつながる考え方であった。彼は子供たちが文法を好きになるようにと本書を書いたのだったが、彼の古典の学識が邪魔をして人気はなかった。もう一つ彼の業績をつけ加えておけば五巻にも及ぶ大著で、ヨーロッパ印刷史の基本文献になるものを残したことである。

3　ブライトランド＝ギルドン

「文法戦争」の第三の英文法書はブライトランド（John Brightland, fl.1711）の『英語の文法 *A Grammar of the English Tongue...Giving the Grounds and Reason of Grammar in General...*, 1712)』である。この文法書の著者については諸説があったが、今ではベルリン大学のレーナート（Martin Lehnert, 1910-92）の一九三八年（昭和十三年）の論文によって解明されたように、これはギルドン（Charles Gildon, 1665-1724）という男が、金に困って剽窃で作り上げた文法書を、出版業者ブライトランドに、著者名も抛棄した形で売ったものとされている。レーナートは剽窃部分がこのくらい大きい文法書は、誰の著書としても大した意味がない、と言っている。ギルドンはカトリックで、クロムウェル内乱の時代に王党派であった人を父として生れた。彼自身も神父になるつもりで十二歳の時、北フランスのドゥエイ（Douai）の神学校に入ったが、後に結婚して棄教し理神論者となり、売文業者（hack-author《ハック・オーサー》）として生活を立てるようになった。

このように見るとギルドンの文法書は取るに足りない本であるが、視点を変えると文法史的には見のがしえない価値がいくつかある。それは先ず十八世紀の初頭になると、英文法書が「売文」の対象になるほど需要が出ていたことであり、第二にはギルドンがフランスでカトリック神父になるための教育を受けていたことから、哲学的文法論や科学的音韻論に関心があり、厖大な量の――ページによっては本文より多量の――翻訳を脚注につけていることである。ウォリス（一二一ページ参照）の音韻論の盗用は当時は珍しくなかったが、当時まだ英訳が出ていなかったPort-Royal《ポール・ロワイヤル》の文法を順序は多少不同であるがほとんどそのまま全訳して脚注(notes)に付していることは無視できない。

ポール・ロワイヤルの著述家たち

ポール・ロワイヤルは元来は十三世紀初頭にパリの西南十キロぐらいの湿地と森の間に建て

られたシトー会（カトリック）の女子修道院であった。ところが一六二六年にマラリアが発生したので、ポール・ロワイヤル・ド・パリのあたりに引越した。ここに修道院長の親族などの俗人も住むようになり、彼らは修道者としての誓願は立てないけれども、半修道院的な隠遁生活を送っていた。そのうち修道女たちももどってきたので、「隠遁者《ハーミット》」たちはそこから少し離れたところに小さな学校を建てた。その目的は、当時フランスの教育界に絶大な勢力を振るっていたイエズス会に反対の教義を唱えたヤンセニストの子息たちの教育のためであった。ヤンセニズムはローマ教皇やフランス国王から禁じられたり、許されたり、また禁じられたりしてほとんど消える運命にあったが、ポール・ロワイヤルの著述家たちは、当時のヨーロッパの教育界に大きな影響を与えた。ラシーヌが教育を受けたのもここであるが、文法、論理学、修辞学などの本が出版され、それらの本は十七世紀のヨーロッパ知性史の里程標という人もある。それは次の三点である。

第一に『普遍的かつ理論的文法（*Grammaire générale et raisonnée*, 1660）』。本書は元来、著者名なしに出されたが、今ではランスロー（Claude Lancelot）とアルノー（Antoine Arnauld）の共著とされている。いわゆる『ポール・ロワイヤル文法（*the Port Royal Grammar*）』というのがこれである。

第二にアルノーの『論理学——考える技術（*La logique, ou l'art de penser*, 1662）』である

が、これはラムス以降、最も重要な論理学書の一つに数えられる。

第三はラミー（Bernard Lamy）の『話し方の技術（*L'art de parler*, 1676）』であるが、これは十七世紀で最も重要な修辞学の本である。

こうしたフランスの状況を、神学生くずれのギルドンはよく知っていたらしい。聖アウグスティヌスの解釈にもとづき、イエズス会に反対して教会を改革しようというヤンセニズムが彼の気に入ったのであろう。その後『ポール・ロワイヤル文法』が話題になることはほとんどなくて二世紀以上も経ってから、アメリカの言語学者チョムスキー（Noam Chomsky, 1928-）が『デカルト派言語学（*Cartesian Linguistics*, 1966）』などで取り上げてからは、言語学界の古典としてはベストセラーになった（言語学の古典籍のリプリント版を出しているスカラー・プレスの叢書でも例外的にペーパーバックの版まで出している）。しかしその『ポール・ロワイヤル文法』が、十八世紀の初頭に、ロンドンの売文業者に訳されていたのである。

ギルドンは「国語の規則は現在あるがままの国語から引き出されなければならず、従来の英文法書はラテン語に引かれすぎている」と批判している。しかし彼の本も実際はラテン文法書やフランス文法書に負うているところがすこぶる大きい。全体の構成も伝統的四分野(orthography, etymology〔= accidence〕, syntax, prosody）になっているが、彼の国語意識はこうした伝統的術語をさけて、文字（Letters）、音節（Syllables）、単語（Words）、文章

(Sentences)、強勢・音量（Prosodie, or the Art of Accents and Quantities）としている。また品詞分類は後述のレイン（一七二ページ参照）の影響もあってか哲学的な出発点から四品詞としている。すなわち存在には四つの基本的種類（Original《オリジナル》 Classes《クラースズ》 or Orders《オーダーズ》）があるとし、それに対応する単語の種類、つまり品詞を、従来の文法の術語によらない名称で呼んでいる。

存在の種類	ギルドンの文法用語	普通の文法用語
事物	names	名詞
事物の性質	qualities	形容詞
状況、能動、受動、存在	words of affirmation	動詞
それらの諸関係	the manner of words	不変化詞

これはいかにも独創的に見えるが、元来はこうした哲学的な四分法はストア派にあったものである。しかもこの四品詞をギルドンは品詞の上位区分として用いたので、実際に英語を記述する時には従来の八品詞名を新しく英訳して使っていた。文法用語を改新しようとしたところに、彼の国語意識をみるのである。

通常	ギルドン	普通の名称
substantive or noun	name	名詞
adjective	quality	形容詞

pronoun	proname	代名詞
verb	word of affirmation	動詞
adverb	added word	副詞
conjunction	joining word	接続詞
preposition	foreplaced word	前置詞

もう一つのギルドンの文法書の特徴はその啓蒙性にある。彼は受けた教育の背景から、理論的・哲学的な好尚があり、それがポール・ロワイヤル文法の翻訳や四品詞論となるのであるが、「売文」のための著作であったから、売れ行きを考えなければならなかった。それでギルドンは綴字改革者たちのように、新しい文学を作ったり、発音補助記号をつけたりした表音主義を採らなかった。表音主義の文法書はその著者以外には読める人がないようなものになるからである。

二　レインの四品詞文法

『文法戦争』には取り上げられなかったが、そこにあげられた三冊の文法書の出る十年以上も前にウェールズ境に近いレムスター（Leominster）のフリー・スクール、後にロンドン近郊

(今はロンドンのイーストエンド)のステプニイ(Stepney)の私立学校の教師をしていたとしかその経歴を知られていないレイン(A. Lane, ?-1700〜1705)という人によって、ユニークなラテン文法書と、それを英語に応用した英文法書が書かれていた。フリー・スクールという意味は「授業料なし」とか「教会のコントロールなし」とか種々の意味があるが、レインの場合は彼がピューリタン系の人で、イギリス国教会の規制を受けない学校で教えていたのではないかと想像される。彼のラテン語文法は『ラテン語をマスターする合理的かつ迅速な方法(*A Rational and Speedy Method of Attaining to the Latin Tongue*, 1695)』というのであったが、これは二部に分かれ、第一部はすべての言語に共通する規則——チョムスキーの言語学に通ずる——を論じ、第二部でラテン文法を扱っている。おそらくウィルキンズやクーパー(一二七ページ参照)の影響であるが、大陸のポール・ロワイヤルの精神にも通ずる。レインは存在論的な立場から、全宇宙にあるものはすべて四つの範疇《カテゴリー》に入るとしたので、それを示す単語も四種類しかないことになる。すなわち、

事物(a thing) ——→名詞(substantive)
事物の状態(the manner of a thing) →形容詞(adjective)
事物の行為(the action of a thing) ——→動詞(verb)
行為の状態(the manner of an action) —→小詞(particle)

これが前述のギルドンの文法書と酷似していることは明らかであり、英国において十八世紀中を通じて相当強い文法書の流れを成す四品詞論はここから始まると言ってよい。ただ四品詞を唱えても、具体的に文法を論ずる時は、普通の八品詞という伝統的な術語を用いるのである。たとえば小詞（particle）を論ずるところでは副詞（adverb）、接続詞（conjunction）、前置詞（preposition）などの伝統的文法用語が用いられている。

この特色あるラテン文法が出版された五年後に、彼の英文法書『文字の技術への鍵（*A Key to the Art of Letters: or, English a Learned Language Full of Art, Elegancy and Variety*..., 1700)』が出版された。これは彼がラテン文法書で述べた理念を英語で実現したものである。この本の表題に「文法（grammar）」の代りに「文字の技術（the Art of Letters）」を用いたのは、grammar のギリシャ語 grammatikē（technē〔art〕of gramma〔letters〕）を英語に訳したものである。更にこの表題の中で英語を Leaned Language《ラーニッド・ランゲッジ》（学問のある言語）と呼び、「学藝と優雅と多様性に満ちた（full of Art《フル・オブ・アート》, Elegancy and Variety《エレガンシイ・アンド・ヴァライエティ》）」と自慢しているのは、当時のイギリス人の国語意識がそこまで高まっていることを示すものであるが、まだ規則性、つまり文法による規制が及ばないということで、彼も英文法書を書くことになった。

彼は母国語第一主義である。ラテン語にもフランス語にも英語にも通ずる普遍的な法則があるのだから、子供たちには先ず英語の文法をマスターさせてから古典語やフランス語の文法を学ばせるべきだと主張する。この方法は今まで学問がないために軽蔑されてきた女性のためにもよいことだという。この母国語優先思想は、当時注目を受けていたジョン・ロックの『教育論（*Some Thoughts concerning Education*, 1693）』に通ずるものである。

レインの英文法書の特徴としては、それが教理問答式に、つまりQ and A式（＝question and answer）に書かれていること、統語論《シンタックス》が本全体の半分近くを占めていること、論理学で用いられる主語・述語・目的語（subject《サブジェクト》, predicate《プレデキット》, object《オブジェクト》）を用いていることなどである。このobjectという単語を、「目的格＝対格」の意味で用いた彼はおそらく最初のイギリス人である。彼はシンタックスを論ずるに当り、文章が複雑で意味が取りにくい時には、「自然の順序（the Natural Order）にもどし、省略語を補い、代用語をもとにもどすこと」をすすめている。これは、シンタックスを論ずる時は、人間の思考法則である論理学が重要なことを示している。スコラ哲学が盛んであった中世に初めてラテン文法にも本格的な統語論《シンタックス》が入ったのであったが、スコラ哲学が軽視されるルネサンス、人文主義時代になると統語論がいいかげんになり、その影響で初期の英文法にも統語論がおざなりだったり、全く欠けたりしたものが多かった。だが、十七世紀後半になり言語哲学や普遍文法や理論文法が盛んになると共に、統語論が大きく取り上げられるようになったところに、理性重視の時代思潮を見る思いがする。

三　アカデミー・フランセーズのインパクトとジョンソン博士の辞書

レインの英文法書は一七〇〇年に出版されているが、その後、「文法戦争」の三点を経て、十八世紀末までには二百十数種の英文法書が出ている。その一々を取り上げることは紙面が許さないので、十八世紀に重要であった数点を取り上げるにとどめることにするが、その前に、当時のイギリスの文法意識と重要な関係にあるフランスのアカデミーの問題を考察しなければならない。

アカデミーとはよく知られているように元来はプラトンの学校の名前であるが、その起源はアテネ近郊のオリーブの林のあるところの地名で、そこに土地の英雄が祀られていたのだという。しかしルネサンスになると、中世で支配的であったアリストテレス反対の気風が強くなり、それと共にプラトンを憧れる気風が高まり、その学校の名前を冠した学術・文藝の組織が輩出した（ちなみにアリストテレスの学校はリュケイオンであるが、これは彼の学校が「狼殺し Lykeios《リュケイオス》のアポロ」の神殿の側にあったことによる。この言葉は大学の尊称として人文主義者に使われたこともあるが、今ではドイツの女子高校《リツエウム》、フランスの高等中学校《リセ》に残っている。アカデミーとの差はルネサンスが思想的には反アリストテレス運動であったことを示唆していると言えよう）。

アカデミアで有名なものにはコジモ・ド・メディチがフィレンツェに一四四二年に作ったアカデミア・プラトニカがあるが、国語問題で重要な役割を果したのは一五八二年にグラッツィニ(A. F. Grazzini, 1503-83)によってフィレンツェに作られたアカデミア・デラ・クルスカ(Accademia della Crusca)である。この団体は一六一二年に辞書をヴェネツィアで出版した。これによってイタリアの文学用語はトスカナ語を基礎にすることになり、ひいてはイタリアの国語を安定させることにつながった。これはイギリスには大した影響がなかったようであるが、フランスのルイ十三世の宰相として絶大な力のあったリシュリュー枢機卿(Cardinal et Duc de Richelieu, 1585-1642)が一六三五年に作ったアカデミー・フランセーズ(L'Académie française = the French Academy)は当時のイギリスの教養階級に深甚な影響を与えた。たとえばその定款の第二十四節には、本アカデミーの主要なる仕事は、あらゆる注意と勤勉さを以って「国語に確乎たる規則を与え、それを純粋な、表現力豊かな、学藝や科学を扱うことのできるようにすること(…à donner des règles certaines à notre langue et à la rendre pure, éloquente et capable de traiter les arts et les sciences)」にあるし、更に定款の第二十六節には、「一つの辞書、一つの文法書、一つの修辞学書、一つの詩学書(Un Dictionnaire, une Grammaire, une Rhétorique et une Poétique)」を、アカデミーの監視に従って作るとしてある。

このアカデミーの理念と実績は、かの売文業者ギルドンが出版業者ブライトランドに売った文法書（一六七ページ参照）の巻頭にあるアン女王に対する献辞の中にも、「フランス語の文法書は、かの学者団体であるアカデミー・フランセーズの第一の努力でありました。と申すのもそれはすべての書くことの基礎だからでございます（A Grammar of the French Language was the First Labour of that Learned Body the French Academy, That being the Foundation of all Writing)」と書いてあるくらいである。十八世紀初頭のイギリスの心ある教養人の国語意識に与えたアカデミーの影響を示す一例である。

「国語統制に国家権力を」と請願

英語の歴史におけるこの重要な側面を広く知らせたのはボー（Albert C. Baugh, 1891-1981）の名著『英語史（*A History of the English Language*, 1935, 93[4]）』の「第九章　権力者への請願（The Appeal to Authority)」であったが、そのもとになったのはフラスディエク（Hermann M. Flasdieck, 1900-62）の画期的な名著『英語アカデミーの思想（*Der Gedanke einer englischen Sprachakademie*, 1928)』である。

イギリス人の英語に対する誇りは国語意識の第二期である一五六〇年頃から高まり、その豊かさは古典語やフランス語などにも劣らないと自負するようになるが、これが一五八〇年代に入ると、綴字の混乱、文法書の欠如など、英語の欠陥も鋭く意識せざるをえなくなり、国語に対する誇りは高いのに「これではならぬ」という気運も出て、綴字改革や英文法書が出されるようになったことはすでに見た通りであるが、この欠如感を特に鋭くしたのが一六三五年のアカデミー・フランセーズの設立で、そこには明快な、フランス的に明快といってもよい理念——国語の醇化・規範化・高能力化など——が示され、かつ規範となる辞書や文法書などの編纂が国家目標として掲げられ、しかもその辞書が一六九四年には出版されたとなると、フランスと張り合う関係にあったイギリス人たちも奮起せざるをえない。

フランスが国家権力を介入させることによってフランス語の醇化・規範化・高能力化をやっているのならば、イギリスでも王様の援助で英語の醇化・規範化・高能力化をやってもらいたい、という意見が十八世紀に入ると急に強くなる。これはアカデミー・フランセーズの立派なフランス語の辞書が十七世紀末に出たことによって具体的な刺戟を受けたからである。「国語統制に国家権力を」というのが「権力者への請願（the appeal to authority）」の意味であった。

この意見をのべた当時のイギリス人の数は少くない。その中には桂冠詩人《ポエト・ローリエト》であったドライデン（John Dryden, 1631-1700）とか、『ロビンソン・クルーソー』の著者のデフォー（Daniel Defoe, 1660-1731）とか著名な人たちもいるが、中でも最もまとまった提案をしたのは『ガリバー旅行記』などの著者でもあり、ドライデンの従兄弟でもあり、高位聖職者でもあったスウィフト（Jonathan Swift, 1667-1745）である。

彼は一七一二年にロバート・ハーリーことオックスフォード伯（Robert Harley, the first Earl of Oxford, 1661-1724）に提案書を出したのである。ハーリーは王室の覚えもめでたく、モールバラ公（チャーチルの先祖）を宮廷より退けることにも成功して Lord High Treasurer（内閣制の前なので大蔵大臣と言えず勘定奉行兼任の老中とでも言うべきか）の要職にあった。スウィフトの「提案」は詳しく言えば「英語を匡正《きょうせい》し、改良し、確定するための提案（A PROPOSAL FOR Correcting, Improving and Ascertaining THE English Tongue）」としているからその目的は明瞭である。スウィフトのような意見は当時の雑誌などでも支持されていた。

民間で解決した国語問題

しかしイングリッシュ・アカデミー（英語アカデミー）はできなかった。その理由はハーリーが一七一四年には宮廷より追放されていること、英語に関心があったと思われるアン女王もその年になくなっていることなどがあげられる。しかしイギリスの辞書はスウィフトの提案の四十三年後に、英文法書の方は五十年後に大勢が決まり、八十三年後にほぼ完全な規範文法が成立した。そして辞書も英文法も、イギリスにおいてはフランスと対照的なやり方でまとまって行ったのである。フランスは国家権力によって辞書と文法の規範が定まったのに対して、イギリスにおいては民間の会社の出版したもののうち、ベストセラーによって自然に決まったのである。

先ず辞書では——ここでは詳しく立ち入らないが——ジョンソン博士(Samuel Johnson, 1709-84) がロンドンの出版業者たちの依頼を受けて、数人の筆写生を使っただけで独力で完成した。

彼もはじめはチェスターフィールド伯という権力者の援助に頼るつもりだったのだが失敗した。しかし一七五五年二月に八年間の超人的努力によってフォリオ判二巻より成る堂々たる『英語辞典（*A Dictionary of the English Language*）』が出版された。この辞書においてジョンソンは綴字問題に対して明確なる保守・伝統尊重の姿勢を示した。これはマルカスターやベーコンの考えを受け継ぐものであった。

ジョンソンは綴字改革者の試みには「気まぐれ」や「虚栄」があるとし、自分は滅多に改革を企てず、また変えた場合も、新しいのを古いのにもどした場合の方が多いと言っている。父祖伝来の綴字を攪乱するのは不可である。法律でも綴字でも同じことで、〝知られている〟ということの方が〝正しい〟ということよりも重要なのだという考えを彼は示している。綴字改革論者たちは「発音に従って綴字を」と主張したのだったが、ジョンソンは逆である。むしろ安定したスペリングに合わせて発音すべきだと考えた。これがその後の英語発音辞典に連らなることになるのである。ジョンソン博士以後でも変った例はあるが、大筋では安定したと言ってよいであろう。

綴字問題に関してはジョンソンはアカデミー・フランセーズに匹敵する仕事をしたと言ってもよい。ジョンソンは「フランスのアカデミーは四十人の会員で四十年かかって辞書を作ったが、私は一人で三年でやるつもりだ。つまり一六〇〇vs.三ということになるが〔実際は一六〇〇vs.八になる〕、イギリス人とフランス人の差というものはそんなものだろう」というようなことを語ったとされているが、ここにはイギリス人としての誇りが出ている。それは四十数年前のドライデン、デフォー、スウィフトといったイギリスの知識人とは全く異質な自国語や自国民に対する誇りと自信である。

その背景には、イギリス初代の首相とされるウォルポール（Sir Robert Walpole, 1676-1745）の二十年以上にもわたる絶妙な平和政策によりイギリスの富力が相対的に非常に高まり、フランスを凌ぐようになったことがあったからである。フランスは大陸国で大きな常備軍を必要とする上に、しばしば戦争に捲きこまれたが、その間に戦争に捲きこまれなかったイギリスの富は増加し続けたのである。富裕度が隣国より高くなれば、その隣国を真似する気はあまりなくなるのが人情である。十八世紀の中頃までに、イギリスの中でアカデミー・フランセーズのようなものを作ろうという気運がほとんど消える背景にはそういうことがあったのだ。大きな国語辞典を民間で作ろうという計画を立てる出版業者たちがその頃のロンドンに現われたのはその一証左であるし、そこに都合よくジョンソンのような人物が出てきたのである。国語問題も民間で解決した形になったことに、アングロ・サクソン的なものが目に見える形に結晶してきた感じがするのである。

一番よく売れた辞書が中心になって綴字問題が解決されてきた、ということは、辞書を買った人々《ピープル》の意志であり、一種の国民投票による民意の決定であるとも言えよう。生きた民主主義である。ジョンソンが後になって――最初は権力者の援助を求めたくせに――「権力によって国語問題を解決するのは、イギリスの自由の精神に合わないのだ」という趣旨のことを言ったのは、結果的にみて正しかったのである。

四　文法の基礎は慣用か理性か

英文法も辞書と同じ背景の下にアカデミー・フランセーズの影響を受けた。しかし文法の問題は辞書の問題、つまり綴字問題のようにはいかないのだ。綴字問題なら、発音主義にするか、慣用主義、伝統主義にするかだけの話である。そして発音は時代により変り、地域により違うから、分《ぶ》が悪い。綴字を慣用に従って定め、それに忠実に発音するようにすればよいではないかという意見――ジョンソンやその後の発音辞典などの意見――が結局は勝った。アカデミー・フランセーズのフランス語辞書が、全採録語数の四分の一以上に当る約五千語に対して新綴字を採用したことに対して、ジョンソンが意識的に慣用的な綴字を採用し、英語の不規則な綴字の固定化・永続化を果したことは大きな業績であった。それはイギリス人の発想法やメンタリティにも恒久的な影響を与え続けることになったのだから。ジョンソンの場合、不規則・不整合な綴字を単に守るということでなく、そこから生ずる不便などは人間のやることには必ず付き物の不完全性の一つとして認容さるべきもの、むしろ愛すべきものとしたからである。

「理」によるか「習慣」によるか

ところが文法となると綴字つまり辞書のように簡単にはいかなかった。何しろ文法は古代から長い歴史を持つ体系のある学問である。イギリスの知識人もラテン語やフランス語を文法書によって学んでいるから、文法がいかなるものかを知っている。「英語にも文法書を」という要請が国民的に高まった時に、英語というものをどのようにして文法規範に入れるべきか、というその原理が問題になった。中世の思弁文法やポール・ロワイヤル文法のように「理(ratio《ラティオ》 = reason)」にもとづいて規則を作るべきか、それとも「慣用(usus《ウースス》 = usage)」によって作り上げるべきかは、英語の文法書を書く人が決めなければならぬ態度であった。

この点においてフランスは楽であった。当時のヨーロッパ文化の頂点とも言うべきブルボン王朝、その中でも太陽王として仰ぎ見られたルイ十四世の王朝がそこにあったからである。すなわち宮廷とそこに集まる選り抜きの学者・文人たちの慣習的フランス語、つまりusus（＝usage）を規範とすればよかった。そこではローマの詩人ホラティウスも尊敬され、その『詩論（*Ars Poetica*）』の教えも実効性があった。すなわち「慣習、その手の中にこそ言葉に対する裁断も法規も規範もある（usus, quem penes arbitrium est et jus et norma loquendi）」ということが無理なく認められていたのである。極く簡単に言えばフランス文法の規準となるものはルイ十四世の宮廷のusus（＝usage）の中にあった。

これに反してイギリスには英語の規範になるような英語を話している宮廷がなかったのである。そもそも英国では英語を話す王朝が何度も消えているのである。古くはアルフレッド大王系統のアングロ・サクソン王朝が古英語の中心であるべきであるが、大王の孫の孫の頃にはデンマーク王朝になり、更に十一世紀の半ばにはフランス語を語るノルマン王朝になり、約三百年間、英語は公式の場――たとえば議会、裁判所などの記録も含めて――から実質的には姿を消す。その後ヘンリー七世ではじまるテューダー王朝の起源はウェールズ（ケルト人）であり、その次のステュアート王朝はスコットランドからやってきた。

このあたりはまだよいとして、一七一四年にジョージ一世に始まるハノーヴァ王朝になると話にならない。このドイツから来た王様は英語を知らないのみならず、学ぶ気もない。王妃を大陸の牢の中に置いたままにして愛妾たちだけを連れてイギリスの王室に乗り込んできた。この女性たちも英語を知らず、また学ぶ気もない。

　スウィフトが英語の現状を嘆いて、国語についての提案をオックスフォード伯爵に出した直後のイギリスの宮廷はこんな工合であった。会話には主としてフランス語が用いられたが、大臣の中にはフランス語会話のできない者もあり、その時はラテン語で〝Mentiris impudentissime!〟（何たる嘘を仰せられる!）などという声がその頃の宮廷の廊下などで聞かれたという。王様と大臣たちの意志の疏通《そつう》もままならぬので、自然に首相が発生した。この時に首相になったのがウォルポールであるが、彼はノーフォークの田舎地主（squire《スクワイア》）の子であり、一生その方言がなおらず、また直す気もなく、書物を見るとぞっとするというほどの学問嫌いであった。そして同僚の大臣からの手紙よりは、自分の田舎の密猟監視人からの手紙の開封を先にし、食卓での会話はフランスのサロンとは異なり学藝の話にはならず、猥談が好まれた。ただウォルポールは政治・外交では天才的判断を示し、二十年以上もの間、イギリスに平和と繁栄をもたらし、富の点でもフランスを越えせしめ、前に述べたようにジョンソンの大辞典を商業ベースで民間出版業者が出版できるほどの富裕なロンドンを作ったのであった。このウォルポールには国語問題に政府が関与するような機関を作ることに興味があるわけはなかった。ジョンソンの天才とロンドンの富によってアカデミー・フランセーズに劣らない英語の辞典はできた。さて英語の文法はどうするか。

フランスのように規範となる国語が用いられている宮廷がない。つまり手本となるべき国語のusus《ウースス》（＝usage）が政治的権威のあるところに存在しないのだ。そうすると英語の文法の拠りどころはもう一つの権威であるratio《ラティオ》（＝reason）に頼るほかはない。十八世紀の英文法書は四品詞系統や八品詞系統やその変型などを加えると、前にものべたように二百十数点にのぼる。莫大な数の英文法書が出されたが、しかし十八世紀中頃になると文法書の書き方の流れ、あるいはベクトルが次第に明かになってきて、世紀の終りにはほぼ完全に確立するのである。それで十八世紀後半の英文法の歴史は、個々のものに立ち入る煩を避けて、「流れ」を見ることを中心にしてみよう。

五　プリーストリィの「観察」の失敗

ジョンソンの辞書が出版されてから数年後、一七六一年と六二年に引き続いて、文法以外のことでも有名な、そして今日でも言及されることのある文法書が出された。その第一はプリーストリィ（Joseph Priestley, 1733-1804）の『英文法の初歩（*The Rudiments of English Grammar...*, 1761, 68², 72³）』であり、第二はラウス（Robert Lowth, 1710-87）の『簡約英文法入門（*A Short Introduction to English Grammar with Critical Notes*, 1762）』である。

プリーストリィは一九七四年（昭和四十九年）に岩波新書でその伝記『理性と革命の時代に生きて――J・プリーストリィ伝』が出たくらいの人である（もっともこの伝記の中には彼の英文法書についての言及は無きに等しい）。プリーストリィはカルヴィン派の家庭に生れ、自然科学の面では酸素の発見（一七七四）などの秀れた業績を挙げ、B・フランクリンの知遇も得ていた。そのほか神学・哲学・政治学・社会学・生理学などにわたる著作は二十六巻の全集になっている。しかし彼は神学的にはカルヴィンから離れて行き、アメリカ独立やフランス革命の思想を支持したりしたため暴徒に襲われ、バーミンガムの自宅にあった書物や化学実験器具などが焼かれ、変装して逃げ、息子の住むアメリカに移住した。このプリーストリィが文法書や言語学や修辞学に興味を持ち――彼は幼年の頃より語学には天才的な素質があることを示していた――その分野の著述を残したのは二十八歳頃から三十代の半ば頃までの時期であった。彼はカルヴィン派の牧師となり、教区では人気がなかったようであるが、そこで開いた寄宿学校は評判がよく、その教材の一つとして書いたのがこの文法書である。

プリーストリィの英文法は驚くほど伝統的である。たとえば品詞分類では、非国教会派の英文法によく見られたラムス的二分法や、レイン流の四品詞を排して、伝統的な八品詞がよいとしている。ただラテン文法の八品詞と違うところは、プリーストリィは英語の本質から考えて、分詞は品詞として独立させず、形容詞を名詞から独立させている。これはジョンソン博士がその辞典につけた英文法とそっくりである。ジョンソンは国語改革者たちの文法書には新しい文法術語がよく出るが、学藝を新しい術語で教えようというのは「つまらぬ野心（trifling ambition）」だとけなしている。ジョンソンは特に品詞分類論をやっているわけではないが、形容詞を名詞から独立した品詞として扱い（ラテン文法では nomen という上位品詞の下位区分として nomen substantivum と nomen adjectivum があるのが通例だった）、分詞は品詞として扱わず動詞に含め、冠詞も品詞に数えた。こうすると九品詞になるが、これは今日の学校文典とも同じである（英文法では冠詞を形容詞として数えてもよいという意見が多いので、英文法では八品詞と言っても九品詞と言っても実際的には同じ枠組みと言ってよい）。

ジョンソンの英文法は何しろ辞書につけたものであるから短かく、統語論《シンタックス》はほとんど扱っていないのであるが、彼の穏健でわかり易く、常識的である品詞の取扱いは辞書の普及と共に広くひろまったものと考えられる。そして十九世紀初頭まで、二十点以上の英文法書に採用されているが、その中にはプリーストリィをはじめ、後述のラウスやマリーなど、絶大な影響力のあった文法書が含まれているのである。

複雑怪奇な時制

プリーストリィは秀れた科学者であったせいか、同じく秀れた科学者であったウォリス（一

First Order		Absolute	I shall hear
		Conditional	I should hear
Second Order		Present	I am hearing
		Conjunctive	If I be hearing
		Preterite	I was hearing
		Conjunctive	If I were hearing
	the first Double Compound	Absolute	I shall be hearing
		Conditional	I should be hearing
	the second Double Compound	Present	I have been hearing
		Preterite	I had been hearing
	the triple Compound	Absolute	I shall have been hearing
		Conditional	I should have been hearing
Third Order		Present	I am heard
		Conjunctive	If I be heard
		Preterite	I was heard
		Conjunctive	If I were heard
	the first Double Compound	Absolute	I shall be heard
		Conditional	I should be heard
	the second Double Compound	Absolute	I shall have heard
		Conditional	I should have heard
	the third Double Compound	Present	I have been heard
		Preterite	I had been heard
	the triple Compound	Absolute	I shall have been heard
		Conditional	I should have been heard

二一ページ参照）と奇妙に似ているところが多い。動詞の時制（tense）でも、英語を観察すれば二つしかない（例えばloveとloved）という。確かに時制を「時間系列を示す語尾変化」に限れば二つになるが、それはラテン文法にはあてはまるが、助動詞を時制を示すのに用いるようになった英語ではあまりにラテン文法的発想と言える。プリーストリィは、英語の動詞の語尾変化が少ない（不規則動詞をのぞけば二つしかない）のは英語の最大の欠陥であると考えていた。近代の英語学者が進化論的に「英語の成長（growth）」と言っているのと対照的である。動詞の時制を示す動詞の変化形は二つでも、助動詞を用いた英語の時制が厳存するので、それを扱うプリーストリィの時制は前ページの表の如く複雑怪奇になる。つまり実用に耐えなくなった。

二十世紀の半ば頃に盛んであった構造言語学の学者たちは、既成の文法を、英語の実際の観察にもとづかない規則を押しつけるもの、つまり記述的（descriptive）でなく規範的（prescriptive, normative）と言って批判したが、例外的に構造言語学者たちに評価された十八世紀の文法家はプリーストリィであった。その評価は主として彼の文法書の序文にもとづくものであった。プリーストリィは「自然科学が大自然の文法（grammar of Nature）である如く、文法も先ず観察にもとづいて資料を蒐集し、そのデータからその〝現実の構造（its actual structure)〟を示すべきだ」と主張する。こういう基礎的なことを抜きにして恣意的な文法規則を提示して国語の改良を企てるが如きは本末顛倒《ほんまつてんとう》だという。更に彼はこう主張する。「話しことばの習慣はいかなる言語にとっても根源的にして唯一の規準である」と。そして彼は英文法の例文としては英文学の古典時代《オウガスタン・エイジ》の作家として見なされていたスウィフトやアジソン（Joseph Addison, 1672-1719）の文章から取らず、同時代の作家であるヒューム（David Hume, 1711-76）の『英国史（*History of England*, 8vols. 1754-62）』からの用例が圧倒的に多い。そして彼の序文の中には英語の「特性（genius《ジーニアス》）」とか「自然的傾向（natural propensity《ナチュラル・プロペンシティ》）」とかいう言葉が六回も出てくるので、彼が英語の特徴に対して特に鋭い意識を持っていたことがわかる。

たしかにプリーストリィの主張するところは正論である。言語の研究には先ず「観察」が必要であることも正論である。しかし当時のイギリス人たちは自分の国の言葉を観察すると無規範という印象を受け、それを嘆き、何とかしなければならないと思っていたのである。フランスのように、燦然と輝く宮廷とそこに集まる文人・学者・佳人たちの言葉を観察すれば文法ができるという状況になかった。つまり拠るべき英語の慣用（usus = usage）が確立していなかったのである。イギリス人は先ず国語の「規範」を求めていたのに、プリーストリィは「観察」することをすすめたのだ。これはパンを求める者たちに石を与えるようなものだったと言えよう。かくてプリーストリィの英文法書は、学説史的に興味深くても売れ行きはよくなかった。

六　ラウスの「規範」の成功

この時に、プリーストリィより一年遅れてイギリス人が求める〝国語への規範〟を与える文法書を出版し、一世を風靡する著者が現われた。パンを求める者たちに、石ではなくパンを与えることになった著者こそ、ロバート・ラウスであった。その『簡約英文法入門（*A Short Introduction...*）』は十八世紀の半ば頃には、辞書におけるジョンソンの役割りを演じ、後世、学校文典と言われるものの元祖となった。いな、英語に対する学校文典的態度――著名な詩人や文人の書いたものに対しても文法的誤謬を指摘する態度――の元祖になったのである。

当時のイギリス人が求めていた文法書は、理に叶った―― ratio（＝reason）に根拠を持つ――もの、英語に文法的規範を与えてくれるもの、「権威」として頼れるような文法書であった。そのためにはそれを書く人の個人的権威が必要である。そういう文法書の著者は学問的にも社会的にも権威と認められる人でなければならない。ラウスは正にそのような人であったのだ。

ラウスはオックスフォード出身の著名な神学者の子として生れ、ウィンチェスター・スクールを経てオックスフォード大学で学び、三十一歳頃にそこの詩学教授（Professor of Poetry）に任命された秀才である。その在任中のヘブライ詩についての講義は後に出版され、その英語訳やドイツ語訳も出された（原本はラテン語）。その学問的名声は全ヨーロッパ的なものになりオックスフォード大学はこれに対して神学博士（Doctor of Divinity）の称号を贈った。またロンドン及びゲッチンゲンの王立協会の会員にも推されている。このようにラウスは学者としては一流という評価が国際的に確立していた。学者としての「権威」はこれで十分すぎるほどある。

しかもラウスの「権威」はこれにとどまらない。〝社会的〟な権威もこれに加わったのである。彼が『簡約英文法入門』を出版した四年後にはオックスフォードの主教《ビショップ》、後にロンドン主教、王室礼拝堂《ロイヤル・チャペル》首席司祭、更に晩年にはカンタベリ大主教《アーチビショップ》（宮廷席次第一位）の地位を国王によって与えられたが、これは健康を理由に辞退している。主教は今でも偉いが、当時は今から想像し難いほどの高い権威の座であった。彼が王室を除けば社会的に最も尊敬され、権威あるとされた聖職者の階段を登る間も、また彼の死後も、「あの全ヨーロッパにその学識を知られた主教様のお書きになった文法書」は、イギリス人には「権威ある国語の規範」と考えられたのである。

ラウスの文法書はプリーストリィの文法書とは違って大いに売れ、版も多く重ねたが、彼の生前の版には著者名が出ていない。しかしこれがラウスの著書であることは出版後すぐに一般にも知られていた。たとえばアッシュ（John Ash, c.1724-79）の非常によく売れた子供向けの英文法書には『ラウス博士の英文法への最も容易な入門書（*The Easiest Introduction to Dr. Lowth's English Grammar*, 1768）』という表題までつけられている。ラウスはジョンソンと並んでさながらアカデミー・フランセーズに対応する人のように思われるようになった。フランスのアカデミーと違うところは、フランスでは宮廷の言葉の慣用、すなわちusus（＝usage）が規範であったのに、ラウスは理性、すなわちratio（＝reason）を根拠にして英語の文法を構成しようとしたことである。

革命的に新鮮な主張

ラウスは十五ページにわたる序文をつけているが、先ず驚くことはその内容が約二百年も前のブロカーやP.Gr.のものと本質的に変っていないということである。ラウスは大要次の如く言う、「過去二百年間、英語は豊かになり洗練されてきた上、その使われる地域が拡大したにもかかわらず、文法的正確さという点では何らの進歩もない……スウィフトの嘆き〔彼の「提案」は一七九ページ参照〕は全く正しいが、矯正のための手は何も打たれていない。これは英語の本性が不規則で気紛れなのではなく、文法が軽視され、学校のカリキュラムにも入れられなかったという慣行が悪いのである。このため前代第一の古典文法学者であったベントリィ〔Richard Bentley, 1662-1742〕でさえも、自分の国の言葉である英語では、普通のことを表現するにもしばしば途方にくれるという状態であったし、最善の作家たちも文法の基礎知識を欠いているためにひどい間違いを犯している。この欠陥を除くためには、文章を書く人が、文法が自分たちの顧慮に値しないものではないのだと思うようにならなければならない」と。

英語は既に豊かになったが、文法的な規範がないという指摘は前からあったが、ラウスの「一流の学者も、一流の作家も英文法を学ぶべきである」という主張は革命的に新鮮である。というのは今までの文法家は、青少年の教育のために必要であることを主張したのであったが、ラウスは英語の文法の権威を「最も偉大な学者にして最も有能なる古典文法家」や「わが国の最善の作家たち」の上に置いたからである。

英文法を梱にとれば、欽定訳聖書だろうが、シェイクスピアだろうが、ミルトンだろうが怖くない、むしろアラ探しの対象になる、というような後世の悪しき規範文法家が出てくる論拠がはじめてラウスによって与えられたのである。

ラウス自身は他人の文章のアラを探す時は十分に慎重で決して軽率な独断家ではなかったが、彼の亜流には、ちょっと文法を学んでは自分以外の人間の英語の誤りを指摘することに一生の喜びを見出すというようなタイプの人も出てきたのである。それでラウスの英文法の出現以後、人々は英語を書く時は神経質になったという指摘もある。

「法律」のような働きをする文法

この序文から明かなように、ラウスの考えでは文法の機能の第一は「法律」のような働きをするものだ、ということである。文法は正しく語り、正しく書く技術、つまり思想の発表や伝達の手段、あるいはその技術であるという定義は、中世以来、普通であったが、ラウスはそれと断然違う。文法は語法や文章構造が、正しいか間違っているかを我々に判定できるようにする（...enable us to judge of every phrase and form of construction, whether it is right or not）ものなのである。そしてこの目的に一番よく叶うことは、規則を決めてそれを例文をあげて示すことである。そして文法教育には「何が正しいか」を示すほかに「何が間違っているか」を指摘することが有効であるという。

私が入試に関係していた頃、「誤りあらば正せ（Correct errors if any）」という英語の問題がよく出された。戦前の入試問題にはもっと多くあったようである。その問題形式の淵源もラウスまでさかのぼりうるであろう（近頃は誤文訂正の問題が入試からほとんど消えたように思われるが、これはいろんな英語を使う英語の母語話者《ネイティヴ・スピーカー》が増えたので、細かい点での規範がゆるんだためであろう。つまりEnglishがEnglishesになったということによると思われるが、後述するように、根幹の規範はゆるんでいないことを見落してはいけないであろう。二四九ページ参照）。

ラウスはこうした英語の用法・構文の規則の重点を、アカデミー・フランセーズとは違い、

usus（＝usage）でなくratio（＝reason）に置いた。これはスウィフトの提案に対して半世紀後に出された具体的解答であった。スペリングでは一応ジョンソン博士の辞書に当ればよくなったイギリス人は、文法のことはラウスの本を参考にすればよくなったわけである。

他の言語も習得が簡単に

ラウスは文法の第二の機能として、これをマスターすると他の言語——古典語やフランス語など——の習得が簡単になることを指摘している。文法の一般的原理（the General Principles of Grammar）つまり普遍文法の知識は高等教育に必須のものであるが、普遍文法を抽象的に教えるわけにいかないので、母国語を材料にして原理的なことを簡潔に教えるべきである。そうすればラテン語の習得にも今のように多年かける必要はないだろうと彼は言う。

これは日本でも福沢諭吉によって実証されたことである。福沢は青年の頃、蘭学に打ち込み、ついには緒方洪庵《こうあん》の適塾《てきじゆく》の塾頭にもなった。オランダ語は日本で一番できる者たちの一人であったろう。しかしある時、横浜に行ってみたところ、通用するのは英語ばかりである。自分の青春の精力の多くを費して習得したオランダ語は無駄であったのかとさすがの福沢も落ち込む。もう一度あれだけの精力と時間を新しい言語である英語に捧げることができるかと一時は暗澹《あんたん》たる気持ちになるのであるが、そこは福沢で、気を取り直して英語をやり始めたところ、オランダ語の知識が役に立ち、意外に簡単に習得できたというのである。

これはラウスの考えの例証にすることができるであろう。現代でも英文法の根幹を習得すれば、他の印欧語の習得は飛躍的に楽であることは経験的事実であるにもかかわらず、英語学者が正面切ってそういうことはまずないし、むしろそういうことを排除するのが現代の言語学の一つの傾向とさえ言える。

しかし戦前の旧制高校の現実でも、英文法をマスターして英語の原書を読めるようになった若者は、最初英語を習った時とは比較にならない早さでドイツ語やフランス語やラテン語を読めるようになった。ラウスの発言は素朴な形で出されているが、その言語学的意味はもう一度反省されてよいであろう。

ラウスは一流の学者であり、ベーコンやカンパネラ（Tommaso Campanella, 1568-1639）の学説にも通じ、文法には二種あること、つまり普遍文法（Grammar in ganeral, Universal Grammar）と英文法のような個別語文法（the grammar of any particular Language, as the English Grammar）があることを知っていた。普遍文法は「あらゆる言語に共通なる原理」を説明し、個別語文法は「この共通なる原理を、既成の慣用に従ってその特定の言語に適用するもの」として定義された。

今日風の言葉では普遍文法はlanguage universals《ランゲッジ・ユニヴァーサルズ》（言語の普遍的特性）を扱い、英文法はそれを英語の中に見出すということになる。今日と違うところは、現在の英語学者の少なからざる人がその universals《ユニヴァーサルズ》がはっきりしていないと考えているのに対し、ラウスは一応はっきりしているという自信があった、ということであろう。彼は英語の慣用的用法の中から ratio (= reason) の規準に合致したもの、つまり universals を取り出し、それをもとに英文法ができると信じ、自分の英文法書は、それをかなり実現していると思ったのである。この彼の自信を理解しないと、後世の彼の亜流の学校文法家たちの今の目から見ると奇妙に高びしゃな態度がわかりにくいであろう。

重んじられた統語論

ラウスの英文法は序文十五ページ、本論百八十六ページより成る。部門としては文字 (Letters)、音節 (Syllables) もあるが、彼は綴字論や発音教本を書く気はなかったので両方合わせて五ページ、品詞各論 (Words) が八十八ページ、統語論《シンタックス》 (Sentences) が九十二ページである。つまり品詞各論が本論の約四七パーセントのページ数を占めるのに対して、シンタックスが約四九パーセントを占めている。つまりシンタックスの方が約二パーセント多くの紙面を与えられていることになる。

二パーセントという差は小さいが、シンタックスの取扱いとしては画期的である。ブロカー以来、近世初頭の英文法書ではシンタックスの取扱いが皆無に近かったり、扱われても比較的簡単であった。ところがラウスの英文法はシンタックスの取扱量を品詞各論より多くしたのである。たった七年前にジョンソン博士の辞典に付けられた英文法の中でシンタックスはわずか十行ぐらいで片付けられていたのとくらべれば、ラウスの始めた規範文法において、シンタックスがいかに重要視されているか明らかである。

事実、英語を書いていて、本当に文法的に問題になるのはシンタックスに関してなのである。名詞や動詞の変化は略記すれば済むが、一番難しいのは「一致（concord《コンコード》 or agreement《アグリーメント》 of words）」と「支配（regimen《レジメン》, or government《ガヴァメント》 of case or mode）」なのである。さればこそ細江逸記博士は、日本人の書いた断然傑出した英文法書であるその大著『英文法汎論』（篠崎書林新版、五二六ページ）の英語の表題を *An Outline of English Syntax*（英文法統辞論提要）とし、日本人が理解に苦しんだり、説明に窮するところを、ことごとくシンタックスの立場から快刀乱麻を断つ如く説き明かされたのである。文法の真髄はシンタックスにあると観じて、これを徹底的に解明しようとするシンタックス重視の英文法観はラウスに始まったと言ってもよいであろう。

ラウスは序文でも言及しているハリス（James Harris, 1709-80）の言語哲学書である『ハーミーズ・普遍文法の哲学的考察（*Hermes, or a Philosophical Inquiry concerning Universal*

Grammar, 1751)』に負うところがすこぶる大きかった。これは個別語文法が普遍文法の大きな影響を受けた顕著な例であって、十七世紀の後半のウィルキンズとクーパーの関係によく似ている（一二九ページ参照）。その影響に気付き詳しく検証したのはベルン大学のフンケ（Otto Funke）である。

一方でラウスはジョンソン博士の常識的な考え方に従って新しい術語は導入しない方針であった。例外的に珍しい術語が出てくることがあるが、それはハリスの言語哲学から借用したものであると言ってよい。

豊富な脚注

ラウスの文法書の特色の一つは脚注が豊富なことである。本文よりも脚注の行数の方が多いページも珍しくない。冠詞の注の大部分は聖書の中の誤用指摘であり、二人称の複数目的格に ye を使っていると言ってシェイクスピアやミルトンを批判しているのは（本来は you であるべき）、規範文法の面目躍如たるものである。

また「彼は自殺した He killed himself」の場合の himself は目的格の再帰代名詞 himself でよいが、「彼自身でやってきた」の場合に He came himself と目的格を使うのは間違いで He came hisself が正しい、というのは理屈としては筋が通っていると言えよう。慣用よりも合理を重んじたラウスの姿が見られる。

私が大学生の時にヒーリィ先生（the Rev. Dr. Healy, S.J.）に英文のレポートを出した時、most excellent という表現を使ったら、「excellent は内容的に最上級であって比較を要しないから most を必要としない」というコメントを下さった。ヒーリィ先生はアメリカのイエズス会系（つまり上智大学と同じ系統）の大学の学長もなさったことのあるアメリカ文学の専門家でいらっしゃったが、今から考えるとこのコメントはラウス的規範である。ヒーリィ先生が子供の頃に学校で習った英文法は、当然戦前のものであったから、規範性の強かったものだったと考えられる。

ラウスは動詞に関しては「法（mood）」を認めた点で、ラムス系の革新的な文法や、プリーストリィと異なる。彼の「法」の分類は甚だ明快で、助動詞を用いないものを第一次法《ムード》(primary moods)《プライマリ・ムーヅ》、用いるものを第二次法《ムード》（secondary moods）《セカンダリ・ムーヅ》とした。これは語尾変化で法《ムード》を示すことのなくなった英語の法《ムード》の分類としては苦心の見えるところである。これに対して「時制（tense）」については、まずギリシャ語文法に見られるようなアオリスト（aorist 不定過去——進行中であることや完了していることを意味せず、単に起ったことを表現する時制）を用いて二分し、それを更に基本的自然時間で三分し、更にそれを進行中とか完了という相《アスペクト》の概念で二分しているが、整然として見事である。今の英文法で「進行形」と言っているところを imperfect（不完全な）と言ったのは「完了形」をperfect（完全な）というのと対比させたものである。

English Tenses
- Indefinite or undetermined
  - Present —— (I love)
  - Past —— (I loved)
  - Future —— (I shall love)
- Definite or determined
  - Present
    - Imperfect (I am (now) loving)
    - Perfect (I have (now) loved)
  - Past
    - Imperfect (I was (then) loving)
    - Perfect (I had (then) loved)
  - Future
    - Imperfect (I shall (then) be loving)
    - Perfect (I shall (then) have loved)

このように整然とした時制分類を示したのに、これに倣う後世の英文法家はほとんどいない。これはアオリストで二分するという余計な上位概念を作ったからであろう。

二重否定の追放

シンタックスで注目すべき点は、二重否定（double negation《ダブル・ネゲイション》）を標準的英語から追放するのにラウスの文法書が大きな役割を果したことである。二重否定とは一つの文の中に二つの否定語があっても、一つの否定語と同じ意味になることである。一つの文章に三つ以上の否定語のある場合は累加否定（cumulative negation《キュムラティヴ・ネゲイション》）と呼ぶ文法家もあるが、これも二重否定と見なしてよい。たとえばチョーサー（Geoffrey Chaucer, c.1343-1400）の『カンタベリ物語』の序詞には次のような例がある。否定語に下線を引いてみよう。

He nevere yet no vileyne ne seyde
In all his lyf unto no maner wight.
= He never yet no vile words never said
In all his life to no kind of man.（直訳）
（彼は一生の間、どんな人間に対しても、乱暴な言葉を言ったことは決してなかった）

この一つの文《センテンス》の中に四つもの否定語があるが、意味は一つの否定語の場合と同じである。一つの文の中で何度否定語をくり返しても、それは否定の気持ちを強めるだけであった。しかし論理学が普及し、数学が知識階級に入ると、否定の否定は肯定ではないか、という感じ方が強くなる。数学でも〔マイナス×マイナス＝プラス〕と教えている。当時の「理性の時代」において、ラウスが断固として「英語における二重否定は、お互に否定し合い、一つの肯定と同じである」と宣言したことは、時代の風潮にも合っていた。この時代の合理主義《ラツオナリスムス》が英語に及ぼした影響についてはマリアンネ・クノレックというドイツの女性英語学者の詳細な研究がすでに戦前に出されているが、それによると当時の教養ある階級の英語からは、二重否定はすでに消えかかっていたのであるが、ラウスの英文法はそれにとどめを刺したと言ってよいであろう。今では二重否定は公式の書き言葉では一切認められず（たとえば契約書に二重否定の文章があればそれは肯定文と見做される）、俗語的表現として会話や、それを描写した小説などに出てくるだけである。例えば"Don't lose no time!"「ぐずぐずするな」のように。

切り開かれた規範文典の道

ラウスの説くところは今日読んでも一種の知的爽快感《そうかいかん》があるのであるから、英語の規範を求めていた当時の人たちに如何《いか》に歓迎されたか想像がつく。かくて十六世紀末のブロカー以来、イギリス人が求めてきた規範文典の道は、約百八十年後にラウスによって切り開かれたことになる。ラウスの英文法に対する理念は「国語に拠るべき規範を与える」ということで確乎としていたが、実際には彼は謙遜な態度を取っており、「著者がどんなに努力しても観察の不十分なところや見落しはよくあるものだから、不断の改善を加えて、一歩一歩、より完成したものに進んで行く必要がある」と言っている。「規範を与える」というのは傲慢な立場のように見えるが、大改革をやるというような気負《きお》いではなく、理性的に妥当と思われる改良を少しずつ重ねて行く必要のあることを主張していた。つまり英語の規範文法は不断の改良主義の立場であったのである。

言語理論でラウスに大きな影響を与えたハリスも、自著の後の版においては英語に対するラウスの意見を「信頼できる(authentic《オーセンテック》)」と言い、その仕事を「卓越している(excellent《エクセレント》)」とほめている。フンケはハリスとラウスの関係を、「普遍〔文法〕による個別〔文法〕への授精(die Befruchtung des Speziellen durch das Allgemeine)」と言ったが、動詞の「法(mood)」などについては、「個別」より「普遍」への貢献もあったことを示している。

第九章　マリーによる規範文典の大成

ラウスの敷いた英語の規範文法の道を一応完成させ、その後一世紀半もの間、英語に規範の枠組みを与えたのはマリー（Lindley Murray, 1745-1826）の『英文法（*English Grammar*…, 1795）』である。

マリーの名前は規範文法と同意義と言ってもよく、マイアーズ（L. M. Myers）の言葉によれば「数世代にわたってイギリスやアメリカのたいていの学校の聖書《バイブル》になった」というし、ライマン（R. L. Lyman）によれば出版後半世紀の間に、うんと控え目に見積っても二百版を重ね、千五百万部から二千万部は売れたと推定されるという。この成功に刺戟され、また他からの要請もあって出版したマリーの、文法の簡約版、練習問題集、綴字教本、英語読本《リーダー》、フランス語読本《リーダー》などなど、彼の出したものはすべて驚異的ベストセラーであった。しかもマリーはラウスと同じく、絶えず修正を加え、また言語学界の議論の成果も取り入れているので――この点に関しては池田真氏（上智大学）の優れた研究がある――、詳しく諸版の内容の変化をたどることには立ち入らないが、外形上から見て注目すべきものを三種だけあげておくことにする。

第一は初版 *English Grammar*…（York, 1795）とその無数の後続版である。

第二は右を二巻本にした *An English Grammar*（York, 1808）とその後続版である。二巻になったわけは、初版の英文法に附随する他の二冊を書いていたので、これをもとの英文法と合わせて二巻としたのである。「他の二冊」というのは『英語訓練（*English Exercises adapted to the Grammar lately published by L. Murray*, York, 1797）』と更に『訓練への鍵（*A Key to the Exercises adapted to L. Murray's English Grammar*, York, 1797）』である。この二冊本は上下で千七百ページにもなる大冊である。『訓練』の方には規則をかかげ、無数の例文を示してその正否を問わせ、『鍵』の方ではそれに対する正しい文法的対応を教える。実にこの二巻をよく読めば学校の文法教師としては十分であり、それこそ欽定訳の聖書であろうと、シェイクスピアであろうと、ミルトンであろうと、その英語の文法的誤りを指摘できるような自信が湧いたとしても不思議ではない。シンタックスに関する紙幅が多いのはラウス以来の伝統である。

第三は『簡約版マリー英文法（*An Abridgment of L.Murray's English Grammar*…, York, 1797）』である。これは九十八ページの問答形式の小冊子であるが、初版一万（当時の出版界では破天荒な数字である）で、百二十版以上も出て、もとの『英文法』に匹敵する人気であった。

後世はいろいろな人が簡約化をやったので、その種類も版数も出版地も調べ切れない。私の持っている版にはフリント（Abel Flint, D. D.）という学者が縮刷したもので *Murray's English Grammar Abridged*（Hartford, 1826）というのもある。インドでもマラティ語のものが出され、ボストンでは盲人用の浮き出し印刷版さえ出た。

日本最初の英文法書もマリー

日本で最初にできた英文法書は渋川六蔵敬直《ひろなお》（天文方見習）の『英文鑑《えいぶんかがみ》』（天保十二年＝一八四一年）とされているが、これはカウアン（F. M. Cowan）という人がマリーの二十六版からオランダ語に訳したものから渋川が重訳したものとされている。マリーの名はここで鄰徳戻繆児列《リンデレイミユルレー》と記されている。また一八五七年（安政四年）にパリで出た版からは、慶応二、三年頃（一八六六、六七年頃）に『モルレイ氏著　英吉利小文典―― *Abridgment of Murray's English Grammar*』が渡部氏蔵版で出されている。渡部温（一八三七-九八）は神奈川表御役所書物奉行見習をふり出しに、開成所英学教授、長崎師範校長、東京外国語学校長、東京府会議員を歴任した人物である。後に東大の哲学科の権力者となった井上哲次郎を長崎から東京に連れてきた人でもあった。この本は縮刷版の特色でもあった練習問題などを削り、本当に基本的な点を抜き出したものである。この本の一部（上下二巻、五十葉）は大阪女子大が所蔵し、そのリプリント版（南雲堂）には宇賀治正朋氏の詳しい解説がある。私も幕末から明治初年に出た『英吉利文典』なるものを四点所有しているが、これらは簡約版の更に簡約版で、もとは一八五〇年（嘉永三年）ロンドンで出た「問答式初歩叢書（The Elementary Catechism）」の一冊であった。いろんな学科について問答式の小冊子が当時出されていたものと考えられるが、英文法もその一冊であったのだろう。そうした簡約版の英文法を作るとすれば、当時の英米の、また世界の英文法書の状況から見て、マリーの英文法の簡約版を更に簡約にしたものと考えてよい。

私の所蔵本の一冊は幕末に開成所が刊行したもので、それには開成所の所蔵印が押してあるから誰かが盗み出したか、借り出して返さなかったものだろう。この開成所版は、幕末にオランダ国王から幕府に贈られたスタンホープ印刷機（現在は水野雅生氏所有で同氏の印刷博物館に収蔵）を用いて、開成所で和紙両面刷りで刊行された六十三ページの小冊子であるが、和紙に活版というのが幕末の日本らしい。この原書は中濱萬次郎がアメリカから持ち帰ったものとされ、初版は文久二年（一八六二年）である。小さくて軽い（和紙なので）ので当時は「木の葉文典」と呼ばれていたという。私の所有するこれと同じもう一冊は明治の海軍創設に尽力した佐賀藩士で、後に日本赤十字社の創始者になった佐野常民が使っていたものである。面白いのはこの開成所版と全く同じ内容で同じ装幀の本が明治になってからも出ていて、私の持っているものには福田氏蔵版となっていることである。幕府がなくなった後は、開成所版を民間人が政府の許可（官許）を得てリプリントできたということであろう。いずれにせよ「木の葉文典」の人気を推察するよすがとなるものであるが、内容から言えば、マリー英文法の簡約版を更に思い切って簡約にしたものである。開国前後の日本の英語の勉強はマリーから始まったと言えるであろう。

開成所版と装幀もサイズも、和紙に活版という点でも同じなのに、中がちょっと違っているものに慶応義塾読本『ピ子ヲ氏原板　英文典』（尚古堂・明治三年）というのがある（私の所蔵のものには慶応義塾の所蔵印があるから、何かの形で持ち出されたものであろう）。ピ子ヲ氏の原本はまだ見たことがないが、マリーの簡約版を真似ていることは確かである。詳しく見れば冠詞を品詞として数えず（つまり八品詞になる）、名詞の格（case）に独立格（independent case）を入れて四つめの格とし、He, that hath ears to hear, let him hear.（聞く耳を持つ者、その者に聞かしめよ）の He や、my son!（わが息子よ）などを独立格と呼んでいるわけである。マリーの文典の十九世紀の亜流は無数に出ており、細かいところでマリーと違うところを示したものも少くないが、いずれもマリーの variant《ヴァリアント》（異形）と言ってよいものである。その後の日本の英文法の受験参考書に多少の異同はあっても、もとは同じ型から出ているのと似たケースである。

弁護士として成功

いわゆる学校文法（school grammar）とか規範文法（prescriptive《プレスクリプティヴ》 or normative《ノーマティヴ》 grammar《グラマー》）と現代では言語学者に蔑称（？）され、非科学的とか非学問的と言われる英文法の実質上の大成者であったマリーとはいかなる人物であったか。彼の人生に対する態度と、文法に対する態度は無関係でないと思うので、彼の生涯とからみ合わせてその文法の成立を見てみよう。

マリーはニューヨークの指導的な実業家を父としてペンシルヴァニアのクエーカー教徒の旧家に一七四五年（九代将軍家重就任の年）に生まれた。子供の時、フィラデルフィアにあるベンジャミン・フランクリン創立の学校（後のペンシルヴァニア大学）に学んだ。この学校は創立者のフランクリンが英文法に関心が深かった——そのことは彼の自叙伝にも出てくる——という理由もあってか、文法を重視した教育を与えたという。父は彼に家業を継がせることを望んだため、それを望まない息子といろいろ問題があった。彼が文学的な仕事につくことの意義を手紙に書いて父を説得しようとしたところ、その手紙を見せられた父の顧問弁護士がその手紙の内容の主張、立論が明快なことに感銘を受けて、「彼を弁護士の道に進ませた方がよい」と父に進言してくれたのである。このようなわけで彼は法律をやってニューヨークで弁護士を開業した。

弁護士としてのマリーは異常な成功者であった。彼は法廷で争う前に当事者の間で和解させることに努力し、双方が納得する妥協案を出すことが上手だったので「良心的」という評判を得たのであった。アメリカ独立戦争中はロング・アイランドに妻と共に引きこもって——彼はクエーカーであるから戦争には絶対に加わらない——四年もの間、釣と狩猟とヨットで暮した。アメリカ独立後はまた弁護士の仕事にもどったが、再び成功し、十分な財産もできたし、また健康も思わしくないのでハドソン川の河畔の景勝の地に隠棲してしまった。まだ三十八歳の時である。

しかしマリーは夏負けするたちであったので、医者のすすめで夏の涼しいイギリスのヨークの近くのホウルゲイト(Holgate)に転居することにした。四十歳の時である。はじめは一時の転居のつもりであったが、ここを永住の地として二度とアメリカの土を踏むことはなかった(このマリーの家は現在は小ホテルになっており、彼の居室だったところはそのホテルの食堂になっていることを池田真氏が確認している)。彼はここでもっぱら宗教と哲学関係の読書に耽《ふけ》り、その蔵書は世間に知られるほどのものであった。彼がここで書いた最初の本は『宗教の精神に及ぼす力(*The Power of Religion on the Mind*, York, 1787)』であり、これは二度もフランス語訳が出ている。また彼は植物学にも関心があり、彼の庭園の植物の種類は当時の王立植物園(Royal Gardens at Kew)《ロイヤル・ガーデンズ・アト・キュー》——いわゆるキュー・ガーデン——のものよりも多かったという。

彼が後にあの英文法を書いたのはこの庭園にある四阿《あずまや》の中においてであった。このように四十歳になってからのマリーは何らの世俗的野心もなく、悠々閑々として読書生活をおくっている敬虔なカントリー・ジェントルマン――学問好きな田舎の素封家《そほうか》――であった。

きっかけは女学校

マリーが英文法を書くことになったのは全くの偶然からである。それは彼が住んでいるところの近くにクエーカーの女学校が建つことになり、そこの女教師たちに自宅でスコットランド系の著者たちの書いた修辞学などを教えてくれることを彼が頼まれたことがきっかけである。クエーカーは黙想を重んずる宗派であり、新渡戸稲造博士もアメリカにいた時、たまたま覗いてみたクエーカーの教会の黙想に感銘を受けて入信し、その著書の中でも黙想の価値を大いに唱道したことが知られている。教会では黙想中心でも、クエーカーは教育熱心でも知られ、その系統の学校では国語教育を非常に重んじた。黙想と国語教育重視はパラドクスの如き感じを与えないでもないが、黙想と文法はクエーカー教育の両輪とでも称すべきものであった。

当時は教会での説教が社会生活に大きな意味をもっていた。ミサ典礼のないプロテスタント系の教会では牧師の説教が特に重要である。カルヴィン派の強かったスコットランドが十八世紀後半のイギリスの説教術、つまり広い意味での修辞学や雄弁術の中心地になった観があるのもそのためであろう。マリーがクエーカーの女教師たちにスコットランド系の著者たちの講義を頼まれたのもこうした事情からであった。事実、十八世紀の後半にはスコットランドの修辞学書で今日まで名著としてうたわれ、リプリントされているものがいくつかあるのである。たとえばアバデーンのマーシャル・カレッジ（Marischal College, Aberdeen）の神学教授であり学長でもあったキャムベル（George Campbell, 1719-96）の『修辞の哲学（*The Philosophy of Rhetoric*, 1776)』の二巻本、またその友人でもあったエディンバラ大学の修辞学・文学欽定教授（the regius professor of rhetoric and belles lettres）であったブレア（Hugh Blair, 1718-1800）の『修辞学と純文学講義（*Lectures on Rhetoric and Belles Lettres*, 1783)』の三冊本などは聖職者や教職者の間ではベストセラーであった。そしてこの人たちはアダム・スミスやディヴィッド・ヒュームなどとのつき合いもあった。アダム・スミスも最初は自分の英語を明快にするためにオックスフォード大学時代にはフランス語を英訳する練習をやっていたと言うし、彼が最初にグラスゴー大学の論理学講座を与えられた時の講義内容は「修辞学と純文学」であった。ヒュームも自分の処女作である『人間の本性論（*Treatise of Human Nature*, 1739)』が全く売れず、「印刷機からの死産（It fell deadborn from the press）」のような態《ざま》だったのは自分の英語が悪かったからだと反省し、しばらくの間、もっぱら英作文の勉強をしたのである。そして文法的な文章を書く名人と見なされ、前述のプリーストリィやラウスの文法の例文に圧倒的に多く引用されるようになったのである。

このようなほぼ同時代に生きた著名なスコットランド人たちを見ると、自分たちの英語がイングランドの英語でないという意識があって、意識的に明快な英語を書き、語ろうと努力する風潮があったことがわかる。マリーのところに相談にきたクエーカーの女教師たちの英語の手本がスコットランド人の著者たちのものであったことも理解されよう。

こうしたフレンド教会（クエーカー）系の寄宿学校の三人の女教師たちが、自分たちの教える女学生たちのための適当な英文法書がなくて困っているので、助けると思って、そのための適当な英文法書を書いてくれるようにとマリーに懇願してきたのである（この手紙はロンドンのクエーカー協会に保存されている）。マリーははじめはそういうものを書く自信がないと言っていたのであるが、彼女らの懇望《こんもう》もだし難く、結局一七九四年の春から取りかかった。その後、相当重い病気にかかったにもかかわらず、一年たらずで完成して、翌一七九五年に住居のあるホウルゲイトの近くにあるヨーク（今ではホウルゲイトはヨーク市の一部）で出版した。

このような動機で書かれ、出版することになったので、マリーは自分の文法書を業績にしようなどという野心もなく、せいぜいフレンド教会系の女学校で用いられるぐらいのものと思っていたらしい。ところが出版と同時に爆発的な売行きで、その後約一世紀半、二十世紀中頃までの世界の英文法書のもとになったのである。

マリーを知る人は、その態度が人目につくほど謙遜だったと言っている。だから英文法史上の金字塔となった本を書いた時も、「書く」と言わないのだ。自分の本は先人たちの著作からよい所を取った「編集物」であるから、多くは期待できないと言う（...little can be expected from a new compilation（下線は渡部））。自分を「著者（author《オーサー》）」と言わず「編集者（compiler《コンパイラー》）」と言い、自分の書いた本を「著作（book《ブック》 or work《ワーク》）」と言わず「編集物（compilation《コンパイレイション》）」と呼ぶのである。参考にした著者の名前は多いが、内容的には主としてラウスの路線上にあることがわかる。

万人を納得させる中庸な文法規則

ではマリーの文法の特色は何か、と言えば、若い学習者のために英語の規範を与えることであった。この点ではラウスと立場が同じである。当時のイギリス人たちが切に求めていたのは「何が正しい英語か」と言う規範であった。英語の現状の調査でもなければ、高邁な学説でもなかった。マリーが自信があると言ったのは、「最も有用な素材の選択と、それを学習者の理解力や学力の向上に適応させるそのやり方」であった。

ここにこそマリーを弁護士として大成功させた良識と、彼が準拠したアングロ・サクソン民族の普通法《コモン・ロー》（common law）の特徴が現われるのだ。ラウスは「文法は法律の如きものであり、それは守られなければならない」という考え方であった。しかしラウスは法律を実際に扱う弁護士ではなく、古典語詩の教授であり、教会の高位行政者であった。一方、マリーは無冠の弁護士として成功した法律の実務者である。マリーも文法は法律の如きものと考えていたが、法律へのアプローチがより実践的である。

法には法文や理屈、つまり理性（ratio = reason）の面と、習慣や、風習や伝統など、直接理屈に関係のない慣行（usus = custom）の面がある。すぐれた裁判官とは、法律や理屈だけをふり廻してはならず、習慣や人情や伝統なども考え合わせて、そこによい折り合いを見つける良識のある人である。文法家も理性にもとづく一般規則と、理屈はよくわからないが日常見受けられる慣用との適当な折り合いを見つける人であるべきだとマリーは考えたのである。シシリー島の沖合には、舟を呑み込むという渦巻カリブディス（Charybdis）と、それに相対して危険な岩スキラ（Scylla）があるが、その間を巧みに舟を操ってどちらにも当らないようにするのが名船頭の腕のみせどころだという。マリーは理屈《ラティオ》というカリブディスと、慣用《ウースス》というスキラの間を巧みに漕ぎ抜けた名船頭だった。マリーは成功した弁護士としての経験を持った人であり、またこだわるべき自説を持たない、いわば素人文法家、イギリス流に造語すれば紳士文法家《ジェントルマン・グラメリアン》であった。その公平な目と良識ある判断が、よく万人を納得せしめる中庸・穏健な文法規範を見出しえたのである。

マリーの英文法書は学習者に対する配慮に満ちている。彼のモットーは「易しくて面白い（easy《イーズイ》 and interesting《インタレステング》）」であり、例文には宗教上の配慮もしてある。版の組み方でも、重要な規則や定義と、重要度が比較的低い説明では活字の大きさを変えているし、また参照事項的なこと、たとえば他の言語との比較などは脚注にしてある。また誤文訂正の練習は、単に規則を並べるだけよりも有効であると考え、好ましくない文例を多くあげ、その箇所をイタリックにして、すぐわかるようにしてある。学習者の頭を混乱させることは一切避けようとし、新しい術語の導入は、ジョンソン博士の言葉を引用して避けている。当時出たばかりで評判になっていた言語学の本、例えばホーン・トック（John Horne-Tooke, 1736-1812）の言語論（EΠEA《エペア》 ΠTEPOENTA《プテロエンタ》 = winged words）などは確立された説でないからこの際は重要でないと判定している。文法を改革しようという企て、つまり革新精神（spirit of innovation《スピリット・オブ・イノヴェイション》）には反対である。自然でわかり易い分類が尊ばれ、従って文法の組成も中世以来の伝統的四部門を伝統的に、つまり綴字論（orthography）、品詞論（etymology）、統語論（syntax）、（音律論（prosody《プロソディ》）の順序に取り扱い、これに附録（appendix）として文章を書く際の明晰さ（perspicuity《パースピキユーイテイ》）と正確さ（accuracy《アキユラシー》）に関する規則と説明がついているが、これは当時の修辞学の本から抜粋を作ってクエーカーの女教師たちを指導した時のテキストの名残りである。

英文法の父

マリーの文法書の内容を述べることは、ラウス以下の十八世紀の文典の多くを繰返すことになるし、同時にその後の学校文法の多くを述べることになるので、史的に興味ある点だけを取り上げてみることにする。

(1)発音は綴字に沿ったものを原則として良しとする。ジョンソン博士の意見を受け継いだものので、一音一字・一字一音の表音主義は完全に否定されているし、その後の英語の標準的発音の流れとも合っている。

(2)音声の生理学的解説を重視する。これは現代の文法家（イエスペルセンやスウィート以下）に通じ、これを prosody《プロソディ》と呼んでいることはロンドン学派の創始者とされるファース（John R. Firth, 1890-1960）にも通じている。

(3)品詞はラウスと同じく九品詞であるが、その設定の仕方は意味と機能を考え合わせたものであり、細江逸記博士の相当語（equivalent）にも通ずる。

(4)名詞の格は主格（nominative）、所有格（possessive）、目的格（objective）の三個であることを普及させた。以前は形態主義者の二個とか、ラテン文法に対応させて四個とか五個とする文法書が多かったが、マリーの三個は、英語の代名詞が he, his, him; they, their, them などと三つの格を有するのに対応するのに都合よく、この類推《アナロジー》が広い支持を受けたのである。

(5)法（mood）も復活させ（直接、命令、可能、仮定、不定の五つ）、時制（tense）は過去、現在、未来の基本時制に、それぞれ完了形を配して六つにするなど、それまでの多様を極めた動詞の取扱いに、一応のしめくくりを与えた。

(6)接続詞は推論に長《た》けた古代ギリシャ人に多く、無知な人、子供、未開人に少なく、また詩に少なく知的な散文に多いことをマリーは観察した。この影響で学校の作文では複文を重んずるという傾向を産んだのである。

(7)統語法には六十ページを割《さ》き二十二の明解な規則《ルール》を与え、立派な著述家の用法と理性をかね合わせて納得できるようにしている。

(8)句読点についてはデインズ（Simeon Daines, fl.1640）の楽譜式の分け方を、英文の場合にも常識化した。つまりコンマを最短休止とし、その二倍の休止をセミコロン、セミコロンの二倍の休止をコロン、コロンの二倍の休止をピリオドにしたのである。

(9)「標準英語とは何か」についてのマリーの考え方は、基本的にはアカデミー・フランセーズと同じく、最良にして最も権威ある作家が用いて、一般に広く使用されている英語が標準英語であるとするのである。理屈（ratio）の上からは変則と思われても、一般的に用法（usus）として確立している場合は文法家はこれを認める義務があるという。慣用がまだ確立していない場合は、類推などの原則（ratio）を用いて文法家が軍配をふるうのだという立場であるが、これはアングロ・サクソン法の立場でもある。フランスのような宮廷があって、そこに確立した慣用がある場合は問題が少ないが、イギリスにはそういう宮廷がなかったので、文法家の理屈で整理の方向を示す必要が大きかったのであるが、ラウス以来、マリーに至って、「よいとされる標準的英文」と規範はほぼ定まったのである。フラスディエク（一七八ページ参照）もマリーを「英文法の父」と呼ぶのは当然とし、マクナイト（一五五ページ参照）も、マリーの文法は、それ以前のいかなる本にもまして、英語の語形と構文に統一性と体系をもたらしたと評価している。

第十章　十九世紀と規範英文典

一　概況

マリーの英文法（一七九五）は、ブロカー（一五八六）からはじまった英語の規範化、つまりそれまで英文法書がなかった英語に文法の規範を与えようというイギリス人の約二百年間の努力の一応の総決算であった。それは十八世紀の終りとも、十九世紀の始めとも言いうる時点で、ホウルゲイトという北イングランドの一角で、アメリカから避暑のためにやってきて住みついたクエーカー教徒の弁護士の手によって達成されたのである。フランスとは違い、王室や政府の権威と関係なく、英語を学びたいと思う人たち、また教えたいと思う人たちの圧倒的多数が、「この本はよい」と言って買ってくれたことによって達成されたのである。いわば一種の国民投票――投票者が本の購入者であるという、投票者が自腹を切って投票する国民投票

——によって決まったのであった。それはイギリスだけでもなかったから、一種の国際投票によって決まったのであった。その後、一九五〇年代頃に至るまで、無数の種類の文法書が出たが、それはマリー文典の変種か亜種と言ってよいであろう。したがってここでは十九世紀から二十世紀半ば頃までの文法書は取り上げないが、次の二つの点に注目したいと思う。一つは比較言語学の発生と発達、もう一つは英文法に対する社会的要請である。

二　比較言語学との関係

先ず、十九世紀には比較言語学の発達があった。十九世紀は多くの近代科学が誕生した世紀であるが、比較言語学もそのめざましいものの一つである。特にゲルマン比較言語学はグリム(Jacob Grimm, 1785-1863) 以来、英語をもゲルマン語の一方言と見る視点が確立、普及し、英語を科学的に、つまり歴史的・比較的に研究することがドイツを中心として飛躍的な発展を示した。それで英語を歴史的・比較的に研究するのが科学的で、そういう文法が科学文法(scientific grammar《サイエンテフイック・グラマー》) とされ、それまで学校で教えてこられた文法は学校文法 (school grammar《スクール・グラマー》) あるいは規範文法 (prescriptive《プレスクリプテイヴ》 or normative grammar《ノーマテイヴ・グラマー》) として一段下に見られる傾向が生じた。日本で言えば斎藤秀三郎氏の英文法書が学校文法の代表で、市河三喜博士や細江逸記博士のようなのが、歴史的・比較的な科学文法と言われるようになった。

しかし、これには大きな誤解がある。というのは十九世紀に発達した大部分の科学文法も、枠組みとしてはマリー的な八品詞（あるいは九品詞）であり、統語論であり、音声論であった。つまり大ざっぱに言えば、マリーの文法という古い皮袋に、比較言語学の成果という新しい酒を入れただけであり、しかもその皮袋は破れたわけでなかった。学校では依然としてマリー亜流の学校文法、規範文法が教えられ、そこで身についた概念や文法用語や枠組を使って高度の歴史的・比較的研究が進められたのである。学校文法が廃止されたわけでもなく、ますますしっかりと教えられていたのである。

三　社会階級の流動性との関係

十八世紀から十九世紀の英文法についてのもう一つの見落すことのできない重要な点は社会との関係である。それは身分の固定度がゆるんできたこと、つまり社会の流動性が高まったことである。農奴や、召使いや、その他の労働者でも中流階級にだんだん入り易くなったのである。中流階級になって更に成功すれば貴族にもなれる世の中になった。金持ちが、つまり実業界の成功者が貴族にしてもらえるようになったのは十九世紀前半のイギリス社会の特徴であるが——これをG・K・チェスタトンは「ヴィクトリア朝の妥協《コンプロマイズ》」と呼んだ——そこまでゆかなくても志を立てて努力すれば成功できるという気風が当時第一の先進国イギリスに漲《みなぎ》っていた。スマイルズ（Samuel Smiles, 1812-1904）の『自助論《セルフ・ヘルプ》』——日本では中村敬宇が『西国立志編』と訳し、福沢諭吉の著作と共に明治の志ある青年たちのバイブルになった——が出版されたのは一八五九年（安政六年）のことであるが、その社会流動性の傾向はすでにその本の出る百年前頃から現われ、ナポレオン戦争での勝利、産業の革命的発展によって更に急激に進むのである。

そして下層労働階級から抜け出る王道があったのだ。それは何か。人に嗤《わら》われないような手紙を書けることだったのである。そのためにこそ規範になる英文法書が求められたのだった。ラウスの英文法書がイギリスの文法書として最初のベストセラーになったのは、彼が学問的にも社会的にも仰ぎ見られる人だったからである。「ラウス司教様の言う通りに英語を書けば他人に嗤われることはない」という信用があった。ラウスの文法書では高級という人には「ラウスの文法への入門」という形での文法書が出てこれもベストセラーになった。そしてラウスの路線を最も良識的に展開してみせたのがマリーの英文法だったのだ。

「英文法は出世の王道」ということを立証した人、そしてそのことを自分の筆でも書き残した人として、コベット（William Cobbett, 1763-1835）の例をあげてみよう。例はいくつもあるがこの一例だけでも、「一斑《パン》ヲ以ッテ全豹《ゼンピョウ》ヲ槩《ハカ》ル」に足りるからである。

英文法の効用

コベットはサリー州の農奴の子として生まれ、軍隊に入り、それから本屋や出版業に入り、王党派のジャーナリストとなり、晩年はサリーで農場主となり国会議員にもなった。この間、フランスやアメリカにも住み、多くの分野ですぐれた著作を多数残した人物である。彼は六十八歳の時に——当時としては高齢——若者向けの人生アドヴァイスの本を書いた（*Advice to Young Men, and, incidentally, to Young Women*, 1830. 邦訳は下谷和幸『若い人たちへの人生アドバイス』三笠書房・一九九五）。この中から文法について彼が考えていることを抜き書きしてみよう。

「〔計算の〕次に学ぶべきことは自国語の文法である。文法の知識がなければ、正しく書くことはできない。人の知性は書いた文や話す言葉で判断されるものだということを、しっかり心に留めておくことだ。

私が文法を勉強した時はまだ一兵卒の身で、一日十六ペンスしかもらえなかった。寝台の端を勉強するためのスペースにし、背嚢《はいのう》を本箱のかわりにした。膝に板をのせて机にした。〔このおかげで彼は二十歳にならないうちに伍長から最先任上級曹長に三十人抜きで一気に引き上げられた。当時のイギリス軍の中で、連隊報告書をちゃんと書ける兵士はそれほど貴重だったのだ。〕文法の知識はあらゆる学識の基礎であり、文法の知識がなければ、読み書きするたび、自分が正確に読めも書けもしないことを露呈するはめになるからである。私は文法を知っていたおかげで、博識ぶった連中の仮面をはぎとることができたことが数えきれないほどある。傲慢で無知な権力者たちを引きずりおろし、いかにくだらない人間であるかを明らかにしてやったことも何度もある。〔コベットは当時最も鋭い言論を吐くジャーナリストであった。その言論は活字によってなされたわけであるが、彼が活字で、つまり文章で政治批判、社会評論などを堂々とやれたのも、他人に嗤われない文章を書く自信があったからであるが、それも下級兵士の頃に英文法を独学で学んだからである〕。

何をするにも忍耐心は最も大切な資質だが、文法の勉強ではとくにそうだ。若い人生のこの時期に、是非とも貴重なこの忍耐心を身につけて欲しい。人が失敗するのは、才能や気質のせいよりも、たいてい忍耐心が足りないからである。〔現代の英語教育においては教え方の技術のあれこれに重点が置かれているが、学習者の側の忍耐心の重要さは軽視、あるいは無視されている印象を受ける。〕

文法の勉強の話に、ずいぶんページを割いてきたが、それというのも、いままでいろいろなケースを観察し、また経験してきた結果、文法は、書物から学ぶ他の知識すべてを合わせた以上に重要だということがわかったからだ。もし文法を完全にものにできたら、文法はまさしく、他の大勢の人に抜きん出る力を与えてくれるのだ。いわゆる〝文筆業〟に筆を染めるずっと以前から、私は何度もこのことを経験してきた。

私が特務曹長の時の上官だった副隊長は、読み書きの素養のない男だった。私の書く英語が、印刷物の文章と同じ形式で同じ文体だとわかってから、私に自分の書いたものを見せるのを嫌がるようになった。そこで指令書の類は私が書くことになった。それで給料が上ったわけでないし、名目上の権限も変わらなかったが、実質的な権限が増したも同然であった。

要するに、私が人並はずれていろいろな仕事ができたのも、他の人にない影響力を持ち得ているのも、すべてこの文法の知識のお蔭なのである。文法を知っていると信望は上がり、自信が持て、金や地位のある人にへつらわなくてもすむようになる。そのお蔭でお金や肩書も大したことでないように思えてくる。

これまでの話で、君がいよいよ文法の勉強を始める気になってくれると嬉しいが、空き時間の全部をそのために使う必要はない。たとえば私の書いた『英文法』はおよそ三百ページほどあるが、一日四ページずつ進んで行けば、二カ月半で読み上げられる。一日四ページなどというのはわけなくやれる分量である。一日二時間もあれば足りる。早朝、まだたいていの人がベッドに入っている時間をあてればよいのだ」

これだけ英文法の効用を体験に則して率直に述べた人は少ない。事実彼は『書簡体による英語の文法（*A Grammar of the English Language, in a series of letters*, 1818）』を書いたが、人気があってその後百十数年以上も、つまり第二次大戦の少し前まで版を重ね、戦後も一九八三年（昭和五十八年）にリプリント版が出ている。コベットにはこのほか『フランス文法（一八二三）』や『綴字教本（一八三一）』や『仏英辞典（一八三四）』などもある。

コベットは文筆家になったから特別と言えるが、そのほか、商店の小僧でも、嗤われないような文章をお客様宛に書くことができれば、つまり文法的にしっかりした文章を書くことができれば番頭にもなれたし、独立した店主になる道も開かれていた。つまり規範英文法こそ、志ある青少年を単純労働から解放して中流階級に入る扉を開いてくれる魔法の鍵、秘鑰《ひやく》だったのである。学校教師もこれを知り、生徒もまたこれを知っていた。英語はついに規範文法を確立したのである。

第十一章　二十世紀後半の規範文典批判

一　構造言語学からの批判とそれに対する反論

学校文法と言われる規範文法に対して、英語学者がその終末を告げるような宣言をするのを私が最初に聞いたのは一九五五年（昭和三十年）の秋のことである。その時点を私が明瞭に覚えているのは、私が留学したばかりのミュンスター大学の英語史の講義中だったからだ。英語史の担当教授はアメリカからフルブライト教授として派遣されていたケンタッキー州のルーイスヴィル大学教授マウラー（David W. Maurer, 1905-81）であった。元来は英語史の専門でもなかった彼の講義は脱線や雑談が多く、「面白くて為になる」ものであった。特に私にとっては一週のうち最も楽しみな講義だった。というのはその学期は、私はドイツに行ったばかりでドイツ語の講義はほとんど聞き取れず、坐禅の修行僧のように黙して座っているだけだったが、マウラーの講義は英語だったので、上智大学で六年間も英語の講義を聞いてきたおかげで、完全についていけたからである。

比較言語学や英語史や古英語研究の本場のドイツで、マウラーのようなアメリカの反社会集団の隠語の研究をやっている社会言語学者が、まともな英語史を講義する気にならなかったとしても不思議はない。しかも試験に関係のない気楽な課目だったから、もっぱら雑談、特にアメリカの学問の自慢であった。自分の専門である掏摸《すり》や麻薬密売人などの反社会的集団の隠語の研究の話になると彼は実に生き生きとしていた。そしてこういう分野の研究は社会言語学《ソウシャル・リングイスティックス》と言うのだが、ドイツにはまだない分野だ、と何度も自慢した。そして印欧比較言語学は誰も聞いたことのない音韻を対象にしているから本当はあてにならない学問だ、というようなことを婉曲に言いたいらしく、アメリカ・インディアンの言葉を発音してみせて、「これをアルファベットで正確に再現できるかね」と言って学生たち——私以外は全部ドイツ人——の顔を見廻したりした。何かにつけてアメリカの言語学が進んでいることを敗戦国ドイツで宣伝するのを使命と考えているらしかった。こうしたマウラーの脱線・雑談の中でも特にくり返して強調されたことは、「今までの英文法は終って新しい英文法の研究がアメリカで始まっているが、それはダーウィンの『種の起源』に匹敵するほど革新的なものだ」ということだった。

話し言葉の研究

マウラーが英文法の研究において、博物学のダーウィンに匹敵すると称揚したのはフリーズ（Charles C. Fries, 1887-1967）の『英語の構造（*The Structure of English*, 1952）』であった。マウラーによれば、この本はミシガン州あたりの中流階級の電話の会話を、研究だけの目的に用いるという許可を得て、話している人たちには内密に約五十時間分、総計二十五万語以上の会話をテープに録《と》った生《なま》の資料を分析して書かれたものだと言う。

言葉の生きた姿、本源的な姿が〝話し言葉〟にあるのは自明のことでありながら、これに基づいた本格的研究はなされたことがない、とマウラーは強調した。その結果明らかになったことは、教養ある人たちでも、実際に〔電話で〕しゃべっている時には、今までの英文法と関係のない英語をしゃべっている。こういう研究を構造言語学（structural linguistics）と言って、生きた言語の記述を精密にやって分析するのだが、こういう研究はまだドイツに知られていない。フリーズの本が出た一九五二年は、ダーウィンの『種の起源』の出た一八五九年に匹敵する記念すべき年だ、というのがマウラーのお国自慢であった。

そして私がそれから三年後に日本に帰ってみると、日本の英語学の世界、英語教育の世界は滔滔《とうとう》たる構造言語学の流行が支配していた。私も思いがけない機縁でフリーズの英語教育に関する単行本を出すことになり、構造言語学もフリーズの英語教育論も一応は研究した。本当は肯定的な結論の本になるべきであり、それなりの学問的価値は認めたのであったが、私は「フリーズ先生は英文法の歴史について無知だ」と思わざるをえなかった。そして気がついてみると私は構造言語学を日本の英語の教育に用いることに反対する立場を文章で表明するほとんど唯一人の英語学の教師になっていた。

フリーズ博士を中心とするミシガン大学の構造言語学や、その応用である「口頭導入教授法(oral approach)《オラル・アプローチ》」は一つのすぐれた理論であり、それなりの成果を挙げたことも確かである。しかし元来、構造言語学がアメリカで発達したのは、文献記録のないアメリカ・インディアン(今ではネイティヴ・アメリカンと呼ぶのがよいようだが、構造言語学の頃は旧来の呼び方をしていたのでここではそれに従う)の話し言葉を、つまり話し言葉しかない民族の言語を正確に記述することが目的だったからである。

こうした言語記述は記述言語学(descriptive linguistics)《デスクリプティヴ・リングイスティックス》であり、科学文法であるとされた。ここには規範を求めるという動機がない。そして規範を求めたり、それを教えたりすることは規範的(prescriptive《プレスクリプティヴ》 or normative《ノーマティヴ》)とされ、科学的学問ではないということになった。学問的研究の対象にならないような学科が学校関係者に尊重されるわけがない。

かくして一九五〇年代から、学校教育の場で「英文法」が軽んじられる風潮が生じ、敵視される傾向さえ生じたのである。そして口頭導入を主とした英語教育が日本でも主流になってゆく。フリーズ博士の唱導したオラル・アプローチは、元来はスペイン語を母国語とするヒスパニック系の移民たちを、アメリカ社会にすみやかに融け込ませるために主として用いられたもので、学習者の周囲の環境が英語を話す社会であることを前提としていた。難かしい文章を読むことも前提とせず、立派な文章を書けることをも目的としていなかった。

独創性への性急な追求

ここから出てくるフリーズの英文法には、英文法史を知らない学者に共通に見られる革新性や独創性への性急な追求が見受けられる。フリーズの場合、品詞は四個しか認めない。しかも品詞 (parts of speech《パーツ・オブ・スピーチ》) と言わないで class《クラース》 1、class 2、class 3、class 4とする。それでは英語を十分分析できないので、その他に十五個の group《グループ》 に分ける。フリーズの分析を伝統文法の品詞に振り当てると左のようになる。つまりクラースとグループを合わせると十九になる。品詞の数で覚えられるのは八品詞(冠詞を入れて九品詞)までであることは、ジョンソン博士やラウスやマリーの時代から明らかである。生徒への詰め込みが当然とされたヨーロッパの古典語教育でも八品詞が限界であった。意地の悪い言い方をすれば、この十九のクラースやグループを急に「言ってみろ」と言われたら、フリーズだって言えなくて困ったのではないか。英

フリーズ	伝統文法
Class 1	Noun, Pronoun
Class 2	Verb
Class 3	Adjective
Class 4	Adverb
Group A (that, each)	Adjective
Group B (may, can)	(Auxiliary)Verb
Group C (not)	Adverb
Group D (very, rather)	Adverb
Group E (and, but)	Conjunction(Coordinate)
Group F (in, at)	Preposition
Group G (do)	(Auxiliary)Verb
Group H (there)	Adverb
Group I (who, when)	Pronoun, Adverb
Group J (after, which)	Conj.(Subordinate),Pron.,Adverb
Group K (oh, why)	Interjection
Group L (yes, no)	Adverb
Group M (say, look)	Verb(Inter.)
Group N (please)	Verb
Group O (let's)	Verb

文法の歴史を見れば、二分法やら四分法やらあったが、実際にやってみると、それでは足らず、下位区分を複雑にすることになるだけだった。そして実際に教室で使い物になるのは八品詞システムだけだったのである。

新言語学ということがしきりに言われた頃、私の一般言語学の恩師だったハルトマン教授（Peter Hartmann, 1923-84）――この人を東大の岸谷敞子先生は「ドイツ言語学界の重鎮と見なされる」と『英語学人名辞典』（研究社・一九九五）に書いておられる――は、その論文の中で私の論文にも触れられ、「八品詞は印欧系の諸言語に対する一つのすぐれた分析法である」という趣旨のことを書かれた。言語分析が新言語学の専売特許と思われ勝ちだった時代に、「八品詞も分析だ」と指摘されたハルトマン先生のお言葉は有難かった。

考えてみれば八品詞（冠詞や分詞など多少の異同はあるが本質的に同じ）に言語分析をしたのはホメロスの詩を正確に読みほぐしたいと思ったアレキサンドリアの学者であった。その一千年も前のギリシャ語は当時のKoine《コイネー》と呼ばれていた東地中海あたりの標準ギリシャ語とは相当違ってきていた。古い、尊敬すべき古典的文献を正確に読もうとするところからそもそも八品詞による分析が始ったのだった。それがローマ時代のラテン文法、中世の思弁文法に受け継がれてきたが、ルネサンスから宗教改革の時代にそれにゆすぶりがかけられた。しかしそれは成功せず、大陸でもイギリスでも八品詞に定着したことは本書でたどってきた通りである。

伝統文法は、元来が古典などの立派な本を読み、立派な文章を書こうという動機から生じて大成したもので、本質的に「読み・書き」のための文法である。インディアンのように文献なき民族の言語を分析し、しかもそれによって作文する動機のないところで出来た構造言語学の文法——幼稚な「おしゃべり」のための文法——とは根本的に違うのである。

こんなことを若僧の頃の私は書いていた。それをほめてくれた人に故・金口儀明上智大学教授がおられた。この方は受験英語を重視され、予備校でも人気のあった方のようであったが、若い私に向って、「君の言う通りだ。構造言語学では大学受験の英語は訳せないし、英作文もできないよ」と言って下さった。私から見れば先生に当る年輩の英語の先生方には同感される方が少くなかったように思う。故・中島文雄先生は東大教授として史的英語学の専門家たるにとどまらず、常に最新の言語学の成果を日本に導入する先頭に立っておられた方であるが、晩年には伝統文法によってちゃんとした本を読んだり書けたりするようになることを目指した英語教育——grammar-translation method《グラマー・トランスレーション・メソッド》（文法・翻訳法）——が本道であるという意味のことを言っておられた。

二　伝統文法の価値への証言

伝統的な文法の価値について、私の知人から直接聞いた話を二つばかり紹介したい。一人は英語学者、一人は経済学者である。

早稲田大学の上田稔先生は戦後の比較的早い時期にイギリスとアメリカで学ばれ、博士号をとられた方である。アメリカの大学におられた頃、教会スラヴ語《オールド・チャーチ・スラヴィック》のクラースに出たところ、その担当教授は新言語学の文法書を使ったのだがなかなかわかりにくい。上田先生はその前にイギリスにいた時に、伝統文法による教会スラヴ語の文法書を持っていた。それだとわかり易い。クラースの者がそれを見て、「こっちの方がわかるじゃないか」ということになった。その意見を聞いた教授は、「本当は私もその方が便利なんだ」ということで、古い教科書を使うことになったそうである。これは伝統文法が印欧語の間では類推が利くことを示した実例である。それはラウスも指摘し、福沢諭吉も体験したことであった。

中谷巌氏とはテレビと講演のため一緒にヨーロッパ旅行をしたことがある。その旅行の車の中で中谷氏の方から御自分がアメリカの一流大学で学位を取られた時の体験を私に話してくれた。そして「受験の時の英文法はよかったですね」と言われたのである。博士論文の下書きを、同じ教授の下で博士論文を書いているアメリカ人の学生に読んでもらって手直ししてもらったところ、教授は正にそのアメリカ人学生の手直ししたところを直した。そして直されてみると、中谷氏御自身のもとの下書きの英語になっていることが多かった、というのである。

中谷氏は中学・高校（そしてあるいは予備校）で伝統文法による英文解釈や英作文の訓練を受けられたのである。それがアメリカで博士論文を書く時に威力を発揮したというわけである。中谷氏はまだ日本の英語教師たちが規範文法に自信を失わずにいた頃に、よい先生についておられたのだ。

戦前の日本の学校英語教育では、英会話の機会は稀だったと思うが、規範文法は行きすぎるほど規範的であり、教室では英文の名文暗誦が行なわれ、英作文は入試でも重視されていた。その伝統は昭和六十年頃までは不動であったが、構造言語学やフリーズ教育法の導入と共に、教師の側に規範的英文法を教える自信が失われ、生徒の多くも文法を我慢して学ぶ気をなくして恥じることがなくなった。かのコベットも文法をマスターするには最低数カ月の我慢と忍耐が必要だと教えているのだが。

構造言語学とそれにもとづく英語教育について私は英語学者から反論を受けた記憶がない。しかし高校の先生たちの中にはこう言われる方が何人もおられた。

「研究熱心な先生方は構造言語学やフリーズ教育法の勉強をしました。しかし伝統文法の方が受験に効果的なことがわかると、不勉強だった先生たちが、研究熱心だった先生たちを冷笑するような感じです。あなたの新言語学批判は英語教員の研究心に水をさすものです」

何だか共産主義国が駄目だとわかったら、学生がマル経の難しい本を読まなくなった、という嘆きに共通するような話である。

第十二章　変形生成文法のプラスと偽善

一　フリーズからチョムスキーへ

構造言語学の次には変形生成文法（generative-transformational grammar《ジェネラティヴ・トランスフォーメーショナル・グラマー》）が英語学界や英語教育界に支配的となった。構造言語学がブルームフィールド（Leonard Bloomfield, 1887-1949）とフリーズによって代表されるとすれば、変形生成文法はチョムスキー（Noam Chomsky, 1928-）によって代表される。そしてチョムスキーの言語学が普及すると、構造言語学者は日本の学界では目につかなくなった。

この二つの学派の源泉と流派を、大胆に簡略化して言えば、構造言語学の考え方はダーウィンの人間観に発し、ワトソン（John B. Watson, 1878-1958）の行動主義《ビヘビアリズム》の心理学に連らなるもので、人間独自の精神などを考慮から捨象し、もっぱら「刺戟と反応（SRすなわちstimulus《ステミュラス》・

response《レスポンス》)」を重視した言語学で、一般に機械論的（mechanistic《メカニスティック》）と呼ばれる。一方、チョムスキーは一転して人間の精神的特性に注目した言語学で、ヘルダー（J. G. von Herder, 1744-1803）、フンボルト（Wilhelm von Humboldt, 1767-1835）、ポール・ロワイヤルに連らなるもので、その能度は心的要因の重視（mentalistic《メンタリスティック》）と呼んでよいであろう。メカニスティックな言語学が近代的とすれば、メンタリスティックな言語学はヨーロッパの哲学的思考に根を持っていると言えよう。

　チョムスキーは戦後のアメリカの言語学者で、言語学の過去の業績を取り上げて自分の理論構築に利用した二十世紀最初のアメリカの学者と言ってよいだろう。その衝撃は大きかった。哲学をやる人で哲学史を無視する学者はいないであろうが、構造言語学の時代に、言語学の歴史を顧《かえりみ》るアメリカ人の言語学者は皆無に等しかった。「新しい理論は必ず古いものよりよいはずだ」という意識がアメリカの、そして日本の言語学界を支配していた頃は、十七世紀や十八世紀や十九世紀前半のヨーロッパの言語思想など見むきもされなかったのだ。チョムスキーはそれを一変させた。チョムスキーは人間の言語には、つまり人間の精神には創造的・革新的な能力があり、文法を作ることもできる。つまり必要に応じていくらでも新しい文章を作り出すことができるし、またそれを聞く側も理解できるという立場から言語理論を展開して行ったのである。

チョムスキーの言語学的立場は、ヨーロッパの言語思想史から言えば王道とも言うべきものである。彼は賢明にも品詞などに手をつける議論に入りこまなかった。

二　チョムスキー文法と規範の問題

すぐれた言語理論は昔からいくらでもある。ウィルキンズ（一二九ページ参照）やハリス（二〇一ページ参照）もそれに加えてよいであろう。しかし英語を学んで、古典的な書物を読んだり、噛われないような立派な英語を書きたいと思っている人には、立派な言語論はあまり役に立たないのである。それは英文法の歴史を見てくれば痛いほどわかることだ。チョムスキーの言語学を英語に適用する時も同じことが言える。先ず英語の分析に使う例文が実にやさしいのだ。中学初年級の英文を使って理論を組み立て検証する。それを新しい術語を使って精密に述べる。それはそれで貴重な仕事であるが、それによって難かしい英語を読めるようになったり、立派な英語の文章を書けるようになることとは別問題なのである。つまりチョムスキーの言語学も規範文法の役をやってくれはしないのだ。

一般言語学における成果と、規範を与える文法とは必ずしも一致しない、いな一致しないのがむしろ普通である。このことをわきまえないと優れた言語学者にしばしば見受けられる間違い、あるいは意識せざる偽善を産むことになる。その典型的な一例として、ピンカー（Steven Pinker）の『言語本能（*The Language Instinct*, New York: Morrow, 1944. 494 pp.）』をあげてみたい。

三　ピンカーの偽善と現実

ピンカーは現在最も注目されているアメリカの認知言語学者である。彼はモントリオール（カナダ）の出身で、マギル大学及びハーバード大学に学び、現在ではかのチョムスキーのいるＭＩＴ（マサチューセッツ工科大学）の教授で認知神経科学センターの所長でもある。論文や著書も多いが、代表的なものは右にあげた『言語本能』で、この本はチョムスキーや、『利己的遺伝子』の著者のドーキンズ（Richard Dawkins, 1941-）の絶賛的推薦を受けている。このピンカーの言語観はチョムスキーと同じと言ってよい。人間には文法を作る能力がある。だから周囲の言語社会から切り離された状況に置かれた子供たちでさえ、遊んでいるうちに自然に仲間同士の言葉の中に「文法」らしきものが生ずるという。もちろん下層階級や学校教育不足の人々の間には、その社会集団独特の「文法」が生ずる傾向がある。これは標準英語の立場から見れば社会的方言であり、教育で矯正されるべきものだとされている。これは恥ずべき差別だとピンカーは激しく非難する。

彼の目から見ると、規範文法を作ろうとしてきたイギリス人の努力や、その成果をアメリカでも利用してきた学校教育は社会に差別を作ることだった、ということになる。規範文法は脳の働きから見て不自然なので、それを学習するためには、不自然な、しかも巨大な努力を要する、つまり徹底的な学校教育を必要とするとピンカーは指摘する。ところがそんな立派な学校教育を受けることのできない人もいるから、標準英語という支配的な英語の存在が差別の構造だということになるのだ。彼は「前世紀のアメリカの規範文法の市場を栄えさせたのはこの種の恐怖《テラー》なのだ」とまで言う。ピンカーによれば‘I don’t see no birds’（二重否定）、‘he don’t’（数の不一致）、‘them boys’（冠詞誤用）、‘we was’（人称・数の不一致）など、今日の標準英語では「〃まいったなァ〃と言うような間違い（embarrassing mistakes《エンバラスイング・ミステイクス》）」も容認されるべきである、という主張になるのである。

規範文法を望んだのは大衆だった

ピンカーのこの本は向うの雑誌の書評を見てすぐに私はアメリカの友人に航空便で送ってもらった。私の見るところではこの本は言語学概論としてはサピア（Edward Sapir, 1884-1939）の『言語（*Language*, 1921）』以来の名著であると思い、すぐに上智大学のゼミのテキストに使った。ピンカーのこの本が教室のテキストとして使われた日本最初のクラスだったかも知れない。それほど私はピンカーの著書を高く評価している。しかし彼の言うことには大きな間違いと、大いなる偽善があることも指摘せざるをえないのだ。

　まず間違いの方から。ピンカーは十八世紀や十九世紀の規範文法を非難するが、そこには非難されている文法家の名前も文法書の表題も一つも出てこない。規範文法がどうして成立したかについては無知だったと推定してよい。

　規範文法は社会的向上を求める大衆の切なる要求によって生まれたのであって、差別するために生まれたのではなかったことは厳たる事実である。下層社会、無学社会の英語しか知らないで育った人が、社会のメイン・ストリームに入るために英文法を学んだことはコベットの例からでも明らかである。十九世紀や二十世紀前半のアメリカで規範文法が厳格に教えられたのは、世界の各地から流入してくる移民たちを、早くアメリカのメイン・ストリームに入らせるため、という働きが大きかった。フランクリンを見てもわかるように、規範文法に則《のっと》った文章を書けるようになったので、貧しい移民の子でも建国の大業に参加できたのである。

　つまりピンカーは、差別を乗り越える手段として誕生したものを、差別する手段と誤解したのである。最近のイラク戦争でも重要な人物《キイ・パーソン》としてテレビにもよく出てきたライス大統領補佐官やパウエル国務長官は、明かに被差別人種集団の出身である。しかしこの人たちの英語の中のどこに出身集団の英語の特徴——つまり訛《なま》りや規範英文法からの逸脱——が見出せるというのか。むしろブッシュ大統領の英語よりも規範文法的である。ライスもパウエルも、約二世紀前のコベットの如く、規範英文法書を、恵まれない社会的階級からの解放と向上の手段に使ったのである。これこそ学校教育の意味ではないか。福沢諭吉の『学問のすすめ』の精神に通ずることではないか。

第二はその偽善性について。ピンカーの大著は何冊か読んだが、その地《じ》の文章で——つまり引用文は別として——規範的英文法から逸脱したところはないのだ。自分は厳格に規範英文法的な文章だけを書きながら、下層社会集団の非規範文法的な英語を容認せよ、というのは、下層の貧民たちの英語は直さなくてもよいということである。俗に言えば、「彼らには社会のメイン・ストリームに出てくる必要はない」と言っているのに等しいのではないか。ピンカーは教授である。彼の下で博士論文を書こうという学生が、"He don't see no bird"とか"We was happy"などという英語を論文の中で使っても、ピンカーがその論文を受け付けるかどうか試してみるがよい。受取ることを拒絶するか——つまり論文を書く資格なしと認めるか——、英語の書き直しを命ずるかだろう。

規範英文法に則した英語を書けない人に同情するのはよい。しかしそこに安住するのをすすめるが如き主張をするのは、無情な人か偽善者なのではないか。

アメリカ人やイギリス人は話し言葉の訛りや文法ミスには甚しく寛容のように思われる。何しろ世界中の多くの人が、第二言語として、つまり国際語として英語を使う。訛りが激しいのは当然である。また英語国といってもさまざまあって、English でなく Englishes と言われているくらいだ。訛りや変則的な文法を気にするわけにいかないのは当然である。

しかし「書き言葉」となるとまるで違う。この場合の「書き言葉」とは、大学でレポートや論文を書く時の英語と限定してよい。小説などに方言を入れて地方色《ローカル・カラー》を出したり、社会階層を示す場合は別の話になる。そして現代アメリカの社会で単純肉体労働以外の職業につこうと思ったら大学を出ていないとまずは難かしいということは、社会のメイン・ストリームに入るためには、学校で「書き言葉」として受け容れられる英語、つまり規範的英文法に則《のっと》った英語を書けなければならないのである。この際、規範英文法を抑圧手段と見て拒否するか、メイン・ストリームへの必修の通過儀礼と見てマスターするかは個人の自由だ。

これは私自身の経験から言っても、アメリカの大学で学んだ多くの知人や学生の体験を聞いても、間違いのないところである。もっとも数式や実験データが最重要な数学や自然科学については多少事情は異なるかも知れないが、文学、言語学、経済、法律、歴史、文化などなど、言葉を用いたものしか論文にならない分野では、規範文法無視で大学のデグリーを取ることはできない。私の教え子でアメリカで学位を取った人は、教授がこう言うのを聞いたことがあるそうだ。

「留学生が"we was"などと言うのを聞いても許せるが、レポートにそう書いてあったら、そんなものは読まない」と。

　また別の教え子で、イギリスの大学で英語学を専攻し一年で修士を、しかも優等で（with distinction）取得した人は、レポートを出す度に指導教授に「よく意味の通ずる良い英語を書く」とほめられていたそうだが、この学生は徹底的に英文法を理解しようとして、私の英文法の授業時間は、彼一人の質問に答えるのでその時間の半分ぐらいを取られるのが普通であったあの学生である。

　また英文法を専攻する大学院の学生のある者は、某私立女子校の三年生の英語を受け持たされた。彼は特に規範文法史の研究で国際的な業績を挙げることになった男だから、英文法はよくわかっており、よくわかるように教えることができたらしい。彼が担当した約三十人の女子高生のうち十人は上智に、他の十人は早慶に、残りの十人はお茶の水女子大とか、それぞれ難関と言われるところの入試に合格した。他の要因があったかも知れないが、わずか一年の英文法の授業で、英語の力が飛躍的に伸びたことは間違いない。私が感銘を受けたのは、上智大学英文学会に、彼が担任していたクラスの約半数の女子高校生が聴講で出席したことである。彼の英文法の授業で本当に英語の面白さがわかって、大学の研究会に高校生が十何人も傍聴に出てくるという珍風景が生じたのであった。正しく英文法の導入をやってくれる先生に手ほどきを受けると突如、目の前に新しい知的地平がひらけてくる感じを、私自身も半世紀以上も前に体験したのであったが。

四　規範文法しか役に立つ文法はない

規範文法と言った場合、それは固定したものでなく、不断の漸進性を持つ性質のものだということは規範文法の祖のラウスが二百五十年前に言っていることだ。また文法的規則はしばしば語法にすぎないものだと間違われやすいが、それにこだわりすぎるという弊害が規範文法を教える先生の側にあったことも確かである。しかしそれは時代や地方で変るのが当然で神経質になることはない。しかし文法的規範を守る気がない文章を書きながら、欧米の大学でデグリーを取れると思うな、という忠告はしておかなければならない。

日本の学校教育の英語は文法拒否症にかかっている。まず「話せる英語を」と言う。それに反対はない。しかし初歩の話せる外国語を身につけるには、外国に住むかホーム・ステイでもするのが手っ取り早い。日本の学校英語の時間でどれだけ話せるようになるのか。おそらく外国で買い物の時に少しは役立つだろう。買い手の日本人は何しろ円（yen）という国際的に通用するお金を持っているのだから、売り手の方が必死になって聞いてくれるだろう。そういう英語はEnglishでなくてYenglishだという私の友人もいる。私はここでYenglishをけなすつもりはない。ただアメリカやイギリスの大学でデグリーを取る気があるなら、規範英文法をマスターしない限りダメですよ、という現実を伝えたいのである。それをマスターするためにはある程度の知能と、かなりの辛抱が必要であることも伝えたい。そして新言語学がいろいろ出てきているが、それは学問的業績としては尊いが、英語の本を、しかも難かしい本を読んだり、英語で論文を書けるようになるためには、ほとんど何の役にも立たないのですよ、ということを伝えたいと思う。八品詞（及びそれに相当する語句）に文章を分析し、支配と一致の関係を見て文章を正確に理解するいわゆる伝統文法は、印欧語系に関してはすでに古代から中世、ルネサンス、近世、近代、現代と通じて実践教育で成功した唯一の言語学と文法学の体系なのですよ、ということを伝えたい。

最後に一つ、英文法の試金石《タッチストン》になる例をあげて見よう。次の一文はアメリカ初代大統領ジョージ・ワシントンが一七九六年の九月十九日に、大統領職を去るに当ってお別れのスピーチ(farewell address)《フエアウエル・アドレス》をした時の語り出しの部分である。

FRIENDS AND FELLOW-CITIZENS. The period for a new election of a citizen, to administer the executive government of the United States, being not far distant, and the time actually arrived, when your thoughts must be employed in designing the person who is to be clothed with that important trust, it appears to me proper, especially as it may conduce to a more distinct expression of the public voice, that I should now apprise you of the resolution I have formed, to decline being considered among the number of those out of whom a choice is to be made.

　この文章を正確に――名文である必要はない――日本語に訳すことができるかどうか。またそういう訳になることを生徒・学生に正確に――つまり文法的に――説明できるかどうか。そういうことのできる先生にめぐり会えれば、こういう文章を正確に読み、それに近いレベルの英語を書ける生徒・学生も出てくるであろう。これからの日本には、このレベルの英語のできる人が多く必要なのではないだろうか。コベットの『青少年へのアドヴァイス』は今日の志ある日本の青少年にとっても喫緊《きつきん》のことのように思われる。

附記

　本稿を書き上げてから江藤裕之氏（長野県看護大学）からアメリカ心理学会が論文を書

く人たちのために作った「文法マニュアル」が送られてきた。それは厳格に伝統文法の諸規則を守ることを要求している。ちなみに江藤氏はジョージタウン大学より英独比較文法学でPh.D.(with distinction)を取得した人である。日本の英語教育政策に当っている人たちに、アメリカの諸学会がいかなる「文法マニュアル」を示しているか、検討下さることをお願いしたい。

渡部昇一（わたなべ しょういち）

1930年、山形県鶴岡市生まれ。55年、上智大学大学院西洋文化研究科修士課程卒業、ドイツ・ミュンスター大学留学、Dr.Phil.（哲学博士）、英国オックスフォード大学留学。アメリカの六大学で招聘教授。Dr.Phil. h.c.（名誉哲学博士）。上智大学文学部教授を経て名誉教授。イギリス国学協会会長、日本ビブリオフィル協会会長など。著書も多数。76年、日本エッセイストクラブ賞、86年、第一回正論大賞受賞。

文春新書

344

英文法《えいぶんぽう》を知ってますか

平成15年10月20日　第1刷発行

著　者　渡　部　昇　一
発行者　浅　見　雅　男
発行所　株式会社 文　藝　春　秋

〒102-8008　東京都千代田区紀尾井町3-23
電話（03）3265-1211（代表）

印刷所　大　日　本　印　刷
製本所　矢　嶋　製　本

ISBN4-16-660344-2